境家史郎著

政治的情報と選挙過程

木鐸社

序

　現代民主主義社会の動向を左右する究極的な要素が，その社会構成員の持つ政治意識であるとするならば，政治過程研究において有権者の態度変容過程を理解することはきわめて重要な課題である。本書では，政治過程において諸アクターが供給する政治的情報こそが市民の意識変化を生む原動力であると捉え，その情報の流通構造や機能について考察する。

　既存研究において政治的情報に関するものがなかった，というわけではない。むしろ「政治的知識」や「政治的情報」といったテーマを扱う研究は昨今の政治行動論におけるひとつの流行といえるほどであり，実際に有意義な学術的成果も出ていると見てよい。たとえば Zaller (1992) や Delli Carpini and Keeter (1996) といった実証研究は，有権者の持つ政治的知識の実態やその役割について多くのことを明らかにした優れた業績である。また認知心理学の強い影響を受けて Popkin (1991) をはじめ多くの研究者が情報ショートカット，あるいはヒューリスティックの理論を発展させており，有権者行動のより深い理解に貢献している。

　本書が既存研究に何らかの理論的成果を付け加えているとするならば，それは政治情報の「ストック的側面」と「フロー的側面」を明示的に区別し，それぞれの役割と相互の関係について検討している点に求められるであろう。「政治情報のストック」というのは，ある時点において各有権者が保有している政治情報量のことを意味しており，要するに政治的知識量のことである。「政治情報のフロー」は，ある期間において有権者が接触する新情報の量を意味している。

　政治情報のストックとフローを概念的に区別することにより，第一に，有権者の持つ政治的知識を動的なものとして捉えることが可能になる。筆者の見るところ，この視点は既存研究には不十分なものである。たとえば Delli Carpini らの研究は政治的知識の格差構造を実証的に示したけれども，その格差が生じるプロセスについてはほとんど明らかにしていない。情報ストックの格差構造の動態を理解するには，知識の付け加わるプロセスについて知

る必要があるが，これはフロー面の格差構造を見ることで捉えることができる。

第二に，情報ストックと情報フローの区別により，これまで個々に研究されてきた政治行動論の諸成果を理論的に統合し，発展させることが可能になる。先行研究ではほとんどの場合，ストックとフローの区別は意識されていないか，あるいはまったく別ジャンルの研究対象とされてきた。本書の見方によれば，たとえば「政治的知識の効果」に関する研究と「選挙キャンペーン（によって供給される選挙情報）の効果」に関する研究は，いずれも政治情報の機能を探るものであるという点では同じであり，単に研究対象となる政治情報をストック面で見ているかフロー面で見ているかの違いにすぎない。これらは有権者の持つ「旧情報」の効果と「新情報」の効果として，統一的な視点から捉えることが理論的に可能である。

重要なことは，以上のような視点からはじめて見えてくるものがあるということである。たとえば，いわゆる「政治的洗練」に関する典型的な議論によれば，有権者の選挙行動や政治意識に対する新情報の効果は旧情報の多い人ほど大きいということになる。しかし，もともと知っている情報を改めて得ても意味がないという単純なメカニズムを考えれば，旧情報を多く持つ人ほど新情報の効果が弱くなるという可能性も自然と想起されよう。実際，選挙キャンペーン接触が投票参加を促進するという効果は，政治的知識の比較的乏しい層により強く見られる。こうした発想は，政治的知識量と選挙キャンペーン接触量を，有権者の持つ（得る）情報の新旧の差に還元して捉えるという観点から，はじめて生まれてくるものである。

本研究の第一義的な目的は，以上に述べたような点において，政治行動論に対する純粋に理論的な貢献をなすことにある。しかしながら，研究の含意として，現代日本の選挙過程に関する理解もまた深まることを期待している。以上のような2つの意図にもとづいて本書は著された。

2005年6月
本郷の研究室にて
境家史郎

目次

序 3
第1章　本書の目的と構成 13
　1.1　政治過程における情報と政治的知識 13
　1.2　選挙過程における情報フローの構造と機能 19
　1.3　本書の課題と構成 28
第2章　情報フロー構造の諸モデル 31
　2.1　先行研究の情報フローモデル 31
　2.2　問題点と課題 40
第3章　選挙過程における情報フロー構造 47
　3.1　情報ルートと情報チャネルの分類 47
　3.2　選挙情報の流れ 54
　3.3　選挙情報の偏在 59
　3.4　小括 77
　　補論　トービットモデルによる推定 83
第4章　選挙過程におけるインターネット普及の意義 ... 87
　4.1　インターネットと政治をめぐる論点 88
　4.2　インターネット上の情報流通構造に関する理論的考察 ... 95
　4.3　インターネット上における情報接触行動分析 ... 101
　4.4　小括 115
　　補論　「情報の選択的接触」に関する考察 118
第5章　政治的情報と有権者の選挙行動 121
　5.1　選挙情報フローの機能 122
　5.2　方法論的な諸問題 139
　5.3　選挙情報フローの効果 142
　5.4　小括 160
第6章　政党支持の変動と政治的情報 163
　6.1　政党支持率の変動（2003・2004） 163

6.2　政党支持率変動に関する既存研究 165
　6.3　支持政党表明の理論 168
　6.4　小括 181
　補論 1　イデオロギー，政党支持，政治的情報量 184
　補論 2　「政党情報」の流通について 187
第 7 章　政治的情報と選挙過程 189
　7.1　知見の総括と含意 189
　7.2　結語 197
参考文献 199
付録 A　選挙情報量に関する統計 213
付録 B　分析に使用した質問項目 217
付録 C　変数のコーディング 222
あとがき 223
索引 225

図目次

1.1 情報フローと情報ストックの関係. 16
1.2 マスメディアによる政治報道量の推移 18
1.3 政党ホームページに対するアクセス数の推移 19
1.4 政党支持率の変動（2003-2004） 26
1.5 本書の構成 28
2.1 初期のコミュニケーションの流れモデル 32
2.2 コミュニケーションの二段階の流れ 33
2.3 Robinson（1976）の特定した選挙情報の流れ 36
3.1 選挙情報ルートのモデル 48
3.2 各チャネルに対する接触と政治関心の相関 53
3.3 各チャネルの情報量 56
3.4 総情報量の分布 61
3.5 年齢と選挙情報量 63
3.6 教育程度と選挙情報量 64
3.7 収入（月収）と選挙情報量 65
3.8 都市規模と選挙情報量 66
3.9 居住年数と選挙情報量 67
3.10 加入団体数と選挙情報量 69
3.11 政治関心と選挙情報量 71
3.12 各チャネルの情報量と接触に必要とされる能動性の関係 72
3.13 政党支持強度と選挙情報量 73
3.14 推定された選挙情報フロー構造 80
4.1 2001年における参院議員（候補）サイトの相対ヒット数の推移 93
5.1 キャンペーンの進展と支持候補予測精度の上昇 125
5.2 ハート候補に対する認識率の推移（1984年米大統領予備選挙） 126
5.3 政党情報に関する不確実性の推移 129
5.4 各党周知度の推移 130

5.5	候補者認知数の推移	132
5.6	選挙期間中における候補者評価変動者数割合の推移	133
5.7	96年総選挙の主要争点に関する言及者数割合の推移	135
5.8	選挙情報量,選挙関心,投票参加の関係	144
5.9	投票参加に与える選挙情報フローの効果(シミュレーション)	147
5.10	総選挙の投票率とキャンペーン接触率の推移	149
5.11	候補者認知数の推移(認知レベル別)	151
5.12	投票意図に与える選挙情報フローの効果(シミュレーション)	155
5.13	各候補者重視理由の言及者数割合(総情報量レベル別)	155
6.1	政党支持率の変動(2003-2004)(再掲)	164
6.2	情報フローと情報ストックの関係(再掲)	171
6.3	政党支持率と選挙情報量の関係	173
6.4	政党支持率と選挙情報量の関係(関心レベル別)	174
6.5	各党への支持表明確率と選挙情報量の関係(シミュレーション)	177
6.6	P_L と P_D に関する情報ストック量の推移	178
6.7	P_L と P_D の支持率の推移($\tau = -.04$)	180
6.8	閾値パラメータと P_L 支持率の関係	181
6.9	ブッシュ候補に対する投票確率(1988年米大統領選挙)	184
6.10	保革イデオロギーと民主党支持率の関係	185
6.11	保革イデオロギーと自民党支持率の関係	186
7.1	推定された選挙情報フロー構造(再掲)	190
7.2	情報格差拡大の螺旋モデル	192

表目次

1.1 アメリカにおける政治的知識量の分布 21
1.2 日本における政治的知識量の分布 22
3.1 情報チャネルの分類と接触率 51
3.2 各情報ルートに対する接触パターン 54
3.3 選挙情報全体に占める各ルートの情報量割合 56
3.4 各情報ルートに対する依存度（政治関心レベル別） 58
3.5 諸団体への加入と選挙情報量 68
3.6 選挙情報量の規定要因 74
3.7 選挙情報量の規定要因（トービットモデル） 84
4.1 社会経済的地位とインターネット系各チャネルの接触率(%) 103
4.2 各チャネルに対する接触と社会経済的地位との相関 105
4.3 インターネット系各チャネルに対する接触と情報関心度との相関 106
4.4 各政党ホームページに対する接触率(%)（支持政党別） 108
4.5 選挙期における候補者サイトアクセス数の伸び率 109
4.6 インターネット外情報量とネット系各チャネルの接触率(%) 111
4.7 インターネット情報接触の規定要因（ロジットモデル） 112
4.8 各チャネルの選択的接触率（情報の種類別） 119
5.1 投票参加と選挙情報量の相関 143
5.2 投票参加の規定要因（ロジットモデル） 145
5.3 選挙情報量と候補者重視度の相関 152
5.4 候補者重視投票の規定要因（順序付きプロビットモデル・2段階推定） .. 154
5.5 選挙情報量と争点考慮数の相関 157
5.6 投票時における争点考慮数の規定要因（2段階最小二乗モデル） 158
6.1 各政党に対する支持表明の規定要因（ロジットモデル） 175

政治的情報と選挙過程

第1章
本書の目的と構成

　本書の目的は，現代日本の選挙過程における政治的情報の流れを特定し，その情報が有権者の政治的判断や選挙行動に与えている効果について明らかにすることである。

　本章ではまず，以上の問題関心，すなわち「選挙情報フローの構造と機能」を明らかにすることの政治学的意義について検討することから始める。第1節では，政治過程における情報と政治的知識の役割について論じる。第2節では，選挙過程における情報フローの構造と機能に関する諸論点を概観し，本研究の目的を明らかにする。最後に第3節では，次章以下で検討される4つの具体的課題を示し，本書全体の構成について述べる。

1.1 政治過程における情報と政治的知識

　「選挙情報フローの構造と機能を明らかにする」という問題関心の意義を論じるにあたって，まずは有権者の持つ情報と知識の役割を確認しなければならない。「情報を持っていることが市民の政治的判断に貢献する」という基本的認識が本研究の前提となっているのである。

1.1.1 市民の政治的判断と情報

　かつて Robert Dahl は，政治システムがポリアーキーであることの必要条件として「すべての有権者が選挙における選択肢に関して同等の情報を持つこと」を挙げた(Dahl 1956, 70)。もちろん現実において有権者の持つ情報量

が完全に同等となることはありえないにしても，政治的平等の基礎的条件として，情報の公平的かつ十分な量の保有が望まれていることはDahlのみならず一般的な見方だと考えてよいだろう。

しかしながら，「政治的情報を持っていること」がいかなる意味で重要であるのかという点について，我々は必ずしもアプリオリに回答を与えることはできない。情報や知識を持っていること自体が良いことであるといった議論を別にすると，情報の有用性は「有権者のより正しい政治的判断に資するかどうか」という点に求められるであろうが，これはまったく実証的な問題なのである。情報量の多寡が結果として政治的判断の違いを生まないのであれば，研究対象として選挙情報を取り上げる意義は大きく減じる。

実際，近年の研究によれば，「市民は政治的判断を下す際に必ずしも多くの情報を持っている必要はない」とする見方も有力である[1]。たとえばPopkin (1991)の議論によれば，市民は政治的判断を行うのに，関連する「あらゆる」情報を自ら集め，分析する必要はない。実際の有権者は，何らかの部分的情報を「ショートカット（ヒューリスティック）」として利用することによって合理的（と思われる）判断を推論しているのである。ショートカットとなりうる情報源は，たとえば，オピニオン・リーダー，政党帰属意識，キャンペーン情報，歴史，世論調査，利害を同じくする他者，候補者のデモグラフィック属性，政党や団体の公認など無数に考えられる(Lupia and McCubbins 1981, 8)。ヒューリスティックモデルは，認知的に制約された有権者の現実的な推論過程を記述するモデルとして非常に有効である。

以下，ヒューリスティックモデルを認めたうえで，なお有権者の持つ政治情報量について問題とする必要がある論拠を3点挙げる。第一に，ショートカット自体がひとつの情報であり，またその利用には一定の文脈的情報を必要とする。したがって，ショートカットの活用にはある程度以上の政治的知識を持っていることが前提されている。たとえばAlvarez and Brehm (1998, 107, 108, 156)は，情報をより多く持っている人ほどショートカットを使っ

---

[1] この議論の裏には「市民は政治的に無知である」とする伝統的な見方がある (Campbell, Converse, Miller and Stokes 1960; Converse 1964; Neuman 1986; Bennett 1988, 1989, 1995; Smith 1989; Delli Carpini and Keeter 1996)。

て判断していることを示している。Lau and Redlawsk (2001) は，政治的洗練度の高い人ほどショートカットをより頻繁に，しかもより「正しく」利用していることを明らかにしている。

第二に，ショートカットによる推論は，有権者の選好から見て「正しい」判断であることを必ずしも保証しない(Kuklinski, Quirk, Jerit, Schwieder and Rich 2000; Lau and Redlawsk 2001)。利用可能な情報にはバイアスがあるから，情報の絶対量が少ない場合にはとりわけ有権者の判断は誤りがちになる。逆に，利用できる情報が多いほど推論の正確性は高まるのである。

第三に，より積極的な論拠として，保有する情報量のレベルによって有権者の判断が実際に異なっているという証拠があることを挙げたい。たとえばBartels (1996) は，「すべての有権者が完全な情報を持っている」という仮想的状況下での投票結果を統計的にシミュレートし，その結果が現実の投票行動と異なっていることを示している。また Delli Carpini and Keeter (1996, ch.6) は，政治的知識を多く持つ人ほど政治に参加し，しかも自己利益を自覚して，選好に近い選択肢を採る確率が高いことを明らかにした(Neuman 1986, 107-111; Palfrey 1987; Smith 1989, 6)。Althaus (1998) も，政治的知識量が意見表出の頻度やその質に影響し，結果として世論調査に現れる集合的選好にはバイアスがあることをシミュレーションから明らかにしている。

以上の議論から，政治的情報は，その保有量が市民の政治的判断に影響を与えているという意味において，政治過程論上の重要な研究対象であることが示された。本研究で特に問題とするのは，政治的情報のなかでも選挙情報，すなわち選挙期間中に流通する政治情報の構造と機能とについてである。選挙は民主主義的な政治システムにとってとりわけ重要なイベントであり，選挙期間中は政治過程において最も情報が集中的に流通する時期でもある。選挙情報の構造と機能について知ることは，有権者の選挙行動と政治的知識の動態についてより深い理解を可能にする。この点について，項を改めてさらに論じよう。

1.1.2 情報の「フロー」と「ストック」

ここまでは「情報」と「知識」という2つの概念を意識的に使い分けることはしていなかった。以降では「情報」概念をそのストック的側面とフロー的側面によって2種類に分類しよう。「政治情報のストック」というのは,ある時点において各有権者が保有している政治情報量のことを意味しており,要するに政治的知識量のことである。「政治情報のフロー」は,ある期間において有権者が接触する新情報の量を意味している[2]。

$t-1$期からt期にかけての情報ストックと情報フローの関係は図1.1によって示されている。ある情報フローが加えられることによって,$t-1$期における情報ストックは量的あるいは質的に変化し,その結果,t期の情報ストックとして現れる。すなわち,情報フローは情報ストックの動的側面について捉えたものである。市民は政治過程においてこのプロセスを無限に繰り返しながら,ある時点の情報ストックにもとづいて政治的に判断し,行動していると考えることができる。

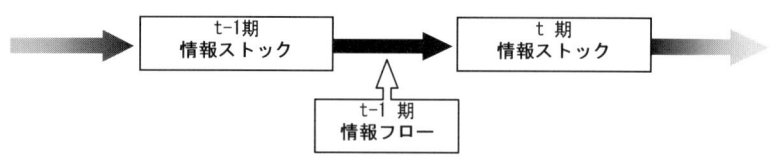

図 1.1 情報フローと情報ストックの関係

本研究で焦点を当てるのは,選挙期に流通する政治情報のフロー的側面である。「情報フローの構造」を理解することは,ストックの構造を動的側面から理解することに貢献する。すなわち,個々人が新たに接触する情報量の差を見ることで,政治的知識量の格差が生じるプロセスについて知ることが可

---

[2] 本書では,市民がある情報に「接触した」場合に,「情報フローがあった」(情報が流通した)と考える。この定義では,情報に接触したことを本人が主観的に認識しているかどうかは問題としていない。しかしながら後の章における実証分析では,実際上「接触し,かつそのことを認識している情報」を情報フローの操作的定義として採用している。

能になる。市民が「政治について何をどのように知るか」という情報獲得プロセスについてはこれまでほとんど知られておらず(Lau 1995)，魅力的な研究テーマであるといえる。選挙期間中には政治的情報が集中的に流通するから，特にこの期間の情報フロー構造を検討することが重要な課題となる。

「情報フローの機能」を理解することは，一定期間中に流通する情報量の効果を捉えることを意味する。すなわち，選挙情報フローの機能について検討することは選挙キャンペーンの効果を探ることと同義である。これに対して「情報ストックの機能」を理解することは，ある時点における政治的知識量の効果を明らかにするということを意味するが，これによって特定期間中に流通する情報がどのような役割を果たしているかという点を把握することはできない。先に，一般的に政治情報が市民の政治的判断に影響していることを主張したが，「日本の選挙におけるキャンペーン情報」という特定的な政治情報がいかなる効果を持っているのかという点については，依然として明らかでないのである。

1.1.3 選挙期における政治情報流通の集中

ここで「選挙期に政治的情報が集中的に流通する」という点についてデータを示しながら確認しておきたい。情報の流通量は，その供給量と需要量とによって規定される。選挙期はその両方が相対的に高まる時期である。

選挙期においては，第一に，候補者・政党が相対的に多量の政治情報を競って流通させる。日本の場合，選挙期間外に選挙活動を行うことが法的に禁止されているため，特に同期間中の情報流通量が他の時期よりも多くなる傾向にあると考えられる。

第二に，各種の社会集団やマスメディアもまた選挙期により多くの政治情報を有権者に提供する。候補者の支持団体など社会集団は，選挙期間中に勧誘活動等を活発化させることにより，政治情報の流通拡大に貢献する。マスメディアの政治に関する報道量もまた，選挙の実施に合わせて増加する。図1.2 は，2003 年から 2005 年にかけての『朝日新聞』における政治報道量の

推移を示している[3]。「記事数」は月ごとの各政党に対する言及数であるが，これが顕著に増加している 2003 年 11 月および 2004 年 7 月はいずれも国政選挙が実施された時期にあたる[4]。

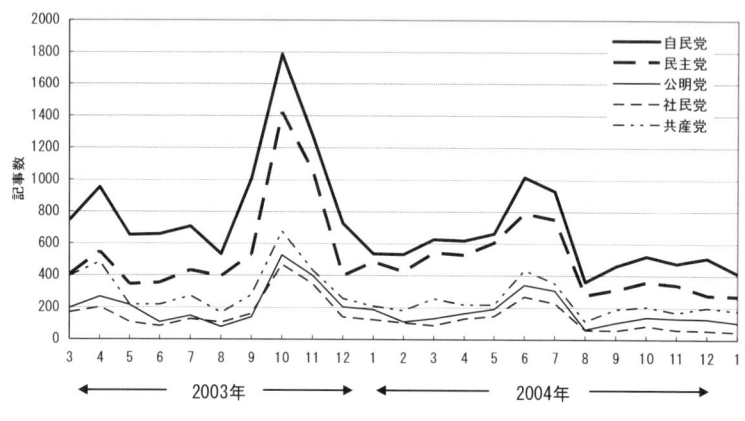

図 1.2 マスメディアによる政治報道量の推移

　第三に，選挙期においては有権者側の注意も政治に集まり，その結果政治情報に対する需要が増加する。図 1.3 は，図 1.2 と同時期において，各政党のホームページに対するアクセスがどれだけあったかを示している[5]。これによれば，やはり国政選挙のあった 2003 年 11 月と 2004 年 7 月の付近においてアクセス数が顕著に伸びていることが分かる[6]。実際，ホームページアクセ

---

[3] 朝日新聞オンライン記事データベース『聞蔵』(http://dna.asahi.com/) を利用した。記事本文または見出しについて，キーワードをそれぞれ「自民党」「民主党」「公明党」「社民党」「共産党」として検索した。
[4] 2003 年 11 月 9 日に衆議院選挙，2004 年 7 月 11 日に参議院選挙がそれぞれ実施された。また図 1.2 から 2003 年 4 月にも政治報道量が増加していることが分かるが，これは統一地方選挙が実施された時期である。
[5] データソースは Alexa (http://www.alexa.com/) である。
[6] マスメディア報道量，政党ホームページ閲覧数ともに衆院選時 (2003 年 11 月) において，地方選時 (2003 年 4 月) や参院選時 (2004 年 7 月) よりも顕著に増加している。この事実から，選挙の種類や重要度によって政治情報流通量に差があることが分かる。

ス数の選挙期における集中は，新聞報道量の集中よりも一層極端である。

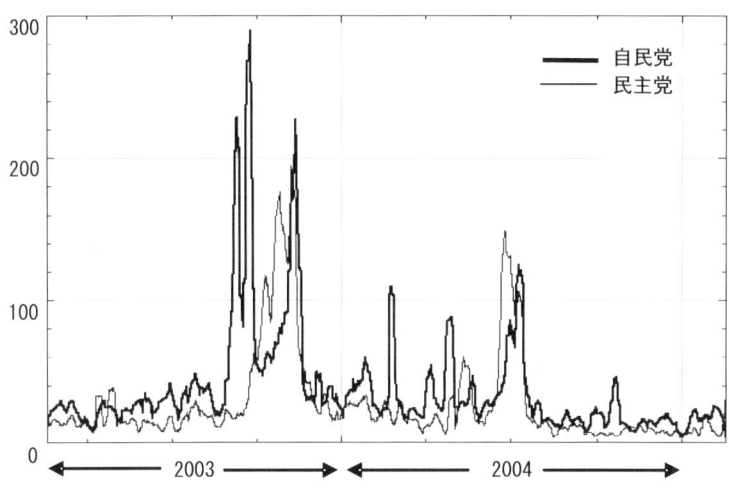

アクセス数はインターネットユーザー100万人あたり。

図1.3 政党ホームページに対するアクセス数の推移

　以上のように，有権者は選挙期において比較的豊富な政治情報にさらされ，また自発的に情報を得ようとしている。政治過程全体から見て，選挙期に流通する政治情報の占める役割が大きいことが理解されるであろう。

1.2 選挙過程における情報フローの構造と機能

　前節において，選挙期に流通する政治情報について考察することが政治学的に重要な意義を持っていると論じられた。つぎに「選挙情報フローの構造と機能」にかかわる諸論点について整理し，本研究で明らかにすべき問題を示そう。

1.2.1 情報フロー構造をめぐる論点

選挙情報フローの「構造」には 2 つの側面がある。「どのルートでどのくらいの情報が流れているのか」という面と,「誰がより情報を得るのか」という面とである。これらの論点を検討することがなぜ重要であるのか,順に論じたい。

「情報源」の問題

近年の投票行動論におけるひとつの流れは,有権者が投票の際に利用可能な情報を各人の置かれた社会的コンテクストによって区別するという議論である(Huckfeldt, Beck, Dalton and Levine 1995; 飽戸 2000a; Beck, Dalton, Greene and Huckfeldt 2002)。人間の情報収集能力には限界があり,またそもそも多くの市民は能動的に政治情報を得ようとはしないから,受動的に情報が与えられる程度を規定するという意味で,有権者個々人が埋め込まれている社会的文脈,すなわち各人の「情報環境」が投票行動の決定的に重要な要素となる。

この議論にしたがえば,各有権者が「どこからどのくらいの情報を得ているのか」という点が非常に重要な問題となる。情報の発信者や伝達ルートによって,各人の受け取る情報の内容には異なった政治的バイアスが存在するからである(Mutz and Martin 2001; Beck, Dalton, Greene and Huckfeldt 2002)。

この問題について,アメリカの研究では伝統的にマスメディアかパーソナル・ネットワークを通して情報は伝達されるものと想定されてきた。たとえば Mutz and Martin (2001) が各情報源の政治的バイアスを検証する際に対象としたのは,マスメディアと対人ネットワークを通した情報伝達ルートのみである。

しかしながら,このような前提は本来あらゆる政治システムにおいて普遍的であり妥当なものであるというわけではない。メディアの発達度や選挙制度,政党組織の強さ,社会的紐帯の強さ,政治文化など情報フロー構造に影響を与えうる要因は無数に想定できる。日本の選挙情報フロー構造を理解す

るためには,アメリカの研究から示唆を受けつつも,独自のモデル化が必要とされる所以である。逆にアメリカの先行研究を鵜呑みにすることによって,特定の重要な情報伝達ルートを軽視するということがあれば,日本における有権者の情報環境を適切に把握することは不可能となり,それゆえ有権者の選挙行動に対する理解も歪んだものとなろう。

「情報格差」の問題

有権者間に政治的知識(情報ストック)の格差があることは古くから知られた事実である。Converse (1990, 373) は「現代の有権者間の政治的情報の分布について私が知っている最も単純な 2 つの真実は,その平均値が低く,分散は大きいということである」と述べている。

政治的知識に関する最も包括的かつ新しい研究である Delli Carpini and Keeter (1996, ch.3) によれば,アメリカにおける市民間の知識格差はおよそ表 1.1 に表されるような構造になっている。これによると現代アメリカの政治システムは,中程度の知識層が最も多いダイアモンド型構造をなしており,極端に低知識層が多い「管理的デモクラシー」Managerial Democracy や,その反対の構造である「強力なデモクラシー」Strong Democracy の中間的形態であるとされる。

表 1.1 アメリカにおける政治的知識量の分布

政治知識レベル	相対度数
90-100	
80-89	**
70-79	*******
60-69	***************
50-59	*********************
40-49	*********************
30-39	*****************
20-29	************
10-19	*****
0-9	*
	中位値=49

アスタリスク1つが回答者の1%を示す.
出典:Delli Carpini and Keeter (1996, 153)

表 1.2 日本における政治的知識量の分布

	人数	割合(%)
高情報者	158	13.5
中情報者	362	30.9
低情報者	369	31.5
無情報者	283	24.1
合計	1172	100.0

出典:河野(1997).

　他方,表 1.2 は河野(1997)が推定した日本における知識格差の構造である。ここでは必ずしも包括的に有権者の政治知識量が測定されているわけではないが[7],やはり日本でも中程度の層が比較的大きいことはうかがわれる。
　以上のような知識格差の構造は,さまざまな個人的属性によって説明される。アメリカにおいて,そのうち特に強い効果を政治知識量に与えているのは教育程度と政治関心である(Delli Carpini and Keeter 1996, ch.5)。日本では研究蓄積が乏しいが,稲葉(1998)によると,やはり日本においても教育程度と政治関心は政治知識量と強い関連性を持つことが明らかになっている。
　では情報ストックの動的側面である情報フローの格差はどのような構造になっているのであろうか。日本の文脈でこの点を検討した研究は管見の限り知らないが,フローの蓄積がストックであるならば,格差構造はストックであれフローであれ同様のものである可能性が高い[8]。この場合,情報ストック格差はフローによって累積的傾向にあると見られる。
　Neuman (1986, 128-131) は政治的知識を「政治的洗練」political sophistication の要素とし,洗練度の高い人は,より多くの政治情報を吸収す

---

[7] 「官房長官の名前」「衆院の議員定数」「アメリカ副大統領の名前」という3つの質問(選択式)について正答した数から,回答者の知識レベルを分類している。
[8] アメリカの文脈ではたとえば Holbrook (2002) が,大統領選のキャンペーンが進むにつれて,教育程度による候補者情報量の格差が全体として拡大する傾向にあることを示している。

ることによって一層洗練度を高めていると主張した。この螺旋的プロセスの中心となっている市民の属性は教育水準であるという。政治情報が市民の政治参加や「より正しい判断」を促進するのであれば，社会経済的地位による情報格差は解消されることが規範的には求められよう[9]。このことは，情報格差が累積的傾向を示している場合にとりわけ問題となる。

1.2.2 選挙過程の電子化と情報フロー構造の「変容」？

　情報フロー構造を質的に変化させる最大の要因は，新しいコミュニケーション・メディアの発達と普及である。歴史上，とりわけ新聞，ラジオ，テレビといったマスメディアの発達は，市民とエリートとのコミュニケーション関係を決定的に変容させることになった(Bimber 2003)。このような観点から近年注目されているのは，コミュニケーション過程の電子化，すなわちコンピュータ・ネットワークを媒介した通信の普及である。

　特に 1990 年代以降，各国において急速に普及しつつあるインターネットは，従来型メディアとの決定的な質的相違によってコミュニケーション研究者の関心を集めている。インターネットの最大の技術的特徴は，その情報伝達コストの圧倒的な低さに求められる。それゆえ第一に，インターネットは，政治的エリートの新しい情報提供リソースとして革新的な意義を持ちうる。伝統的なマスメディアは，エリートのリソースとして非常に「高価」であった。これに対しインターネットでは情報提供コストがはるかに低く，その点で「平等性の高い」リソースだといえる。したがってインターネットの普及は，比較的小規模な政治勢力にも情報提供の機会を与えるという意味において，潜在的には情報フロー構造を変容させる可能性がある。

　第二に，インターネットは，市民の新しい情報獲得リソースとしてもまた革新的な意義を持ちうる。政治情報の保有量は情報獲得コストの減少関数で

---

[9] 井堀 (1999, 23) は，「投票のコストが特定の有権者層に偏った形で生じていれば，そこで生まれる棄権によって，有権者の選好が偏った形で投票結果に反映することになり，問題である」と述べたうえで，投票コストの構成要素として情報収集コストを挙げている。

あると見ることができるが[10]，そのコスト負担は低所得者層ほど厳しいと考えられる。情報技術の発達には，この獲得コストを大幅に低減させるという効果があるから，インターネットが普及すれば市民間の社会経済的属性による情報格差は縮小の方向に向かうかもしれない。市民間の情報格差は各人の個人的属性だけではなく，利用可能なメディアのタイプというシステム的要因によっても規定されるのである(Delli Carpini and Keeter 1996, ch.5)。また，今まで市民にとって利用コストの低い情報は，テレビ CM のように比較的有力な勢力の提供するものが中心であったことを考えれば，政治的マイノリティにとってインターネットによる情報収集の意味が特に大きいであろうと考えられる。すなわちインターネット上には，勢力の大小に関係なくあらゆる政治勢力の情報が提供されており，市民は低コストでそれを入手することができる。

　以上の議論は，インターネットの技術的特性に依拠したものである。現実には利用者側の情報収集行動が重要な媒介変数として介在するから，期待された理論的効果が実際に現れるかどうかは慎重に検証する必要がある。実証研究が求められる所以である。ここで注意すべきことは，インターネットの「過渡期効果」transition effects と「固有効果」inherent effects を区別して議論する必要があることである(Bimber 1999)。インターネットは現在依然として普及途上にあるから，通常の有権者一般のサンプルを利用した分析ではデジタルデバイドの効果と（全体に普及した後に現れると期待される）インターネット固有の効果を区別することが困難となる。デジタルデバイドの影響は社会学的に重要な問題ではあるが，本研究の文脈では，何らかの方法で「過渡期効果」はできる限り排除してインターネットの「固有効果」を捉えることが求められる。

1.2.3 選挙キャンペーンの機能

　ここでの「選挙キャンペーン」は，候補者や政党といった選挙競争に参加

---

[10] 「情報を求める人は，情報から得る限界収益が限界費用に等しくなるまでデータ獲得のために資力を投入し続ける」(Downs 1957, 邦訳 221 頁)。

するプレーヤーによる説得，マスメディアによる選挙報道，支持者・支持団体の勧誘等を含めた，選挙期間中におけるあらゆるアクターの（選挙に関連した）あらゆる情報伝達活動を対象とする概念である。すなわち，選挙期間中に流通する選挙関連情報の総体に等しい概念と考える。

 選挙キャンペーンは有権者の政治的判断・行動にとって，どのような機能を果たしているのであろうか。通説的見解によれば，有権者の選好を改変するという意味での効果はキャンペーンにほとんど認めることができないとされ，期間が短く規制の厳しい日本の選挙の場合，一層そのように考えられる。選挙情報が何の機能も果たしていないのであれば，その流通構造を分析する意義についても問われることになろう。

 しかし，選挙キャンペーンの機能は改変効果のみに求められるわけではない。特に重要なのは，キャンペーンが有権者に政治的判断の基礎となる情報を提供する役割を果たしていることである。たとえばアメリカ大統領選では，キャンペーン中のコミュニケーションによって候補者や争点に関する市民の認知はより正確性を増すとされ(Popkin 1991, 40)。この結果，有権者は（選好を変えることはないにしても）より精密な推論に従って選好に沿った投票を行うことができる。

 日本の文脈では，「選挙期間」という概念のないアメリカとは対照的に，短期間のキャンペーン情報にそのような効果が認められるかどうかが問題となる。たしかに日本の選挙時に供給される政治情報は，アメリカと比較すれば絶対量としては少ないであろう。しかし，人間が判断を行う際に顕出的となる記憶は比較的に最近接触した情報であるという認知心理学的知見から考えれば(Ottati and Wyer, 1990, 200)，キャンペーンの長さ自体はそれほど重要でないかもしれない。実際，情勢報道のアナウンスメント効果についての研究(蒲島 1988, 第 9 章; 小林 1990)が示唆しているのは，投票直前期の選挙情報が有権者の判断に影響を与えているという事実である。改変効果以外のキャンペーン情報の機能について見直す必要があろう。

 また，選挙キャンペーンによって流通する政治情報は，当該選挙における有権者の投票行動に一時的な影響を与えるだけではない。政治過程全体において選挙期間中に流通する情報量が大きいとすると，長期的には，有権者の

基本的な政治意識に対しても選挙キャンペーンは一定の影響を与えていると考えることができる。

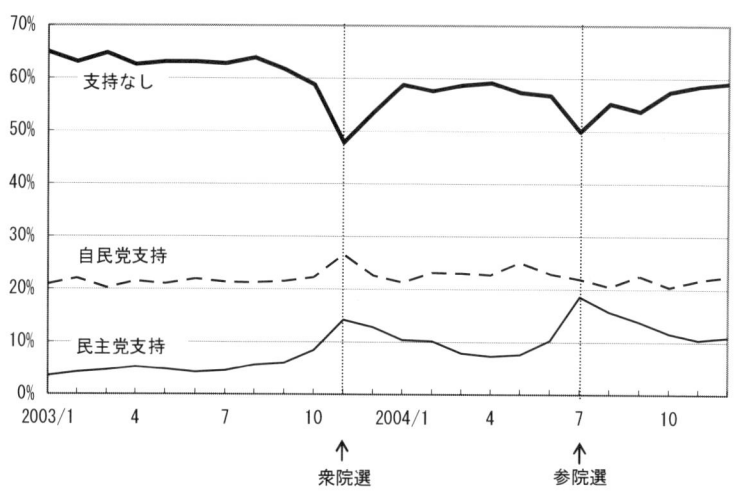

出典：『中央調査報』No. 544-567.

図1.4 政党支持率の変動（2003-2004）

　本研究ではそうしたキャンペーンの「長期的効果」のひとつとして，有権者の政党支持態度に対する効果を考える。図1.4は2003年から2004年にかけての政党支持率の推移を示しているが，一見して，選挙期を中心として変動していることが分かる。選挙期における政治情報流通量の増大と特定政党に対する支持表明増大の関係をどのように理論化できるであろうか。

1.2.4 政治的知識と選挙情報の交互作用

　情報のストック的側面とフロー的側面の概念的区別は，政治的知識量の変動メカニズムについての理解を可能にするだけではない。そのようにすることで，情報フローの機能をより深く理解することが可能になる。情報フロー

は有権者の政治行動や政治意識に何らかの効果を与えるが，その強さはストック量のレベルによって異なると考えられるのである。

第一に，政治的知識の豊富な人は接触した選挙情報の「処理能力」が高く，それゆえ有権者行動に与える情報フローの効果は強く現れるという可能性がある。認知心理学的研究が明らかにしているように，あるトピックについての一般的知識を持っている人は関連する情報についてより深く考えることができる(Petty and Wegener 1998, 329, 357; 山口 1998)。すなわち，一般に政治的知識が豊かであるほど，情報フローをより深く理解し，解釈することが可能になる(Neuman 1986, 110-111; Zaller 1992)。たとえばKrosnick and Brannon (1993) は，政治的知識量の多い人ほど新しい情報を効率的に吸収できるがゆえに，争点のプライミングを受けやすいことを示した。Downs (1957) もまた，入手した政治情報を処理する能力は「もっている情況に関する知識」に依存すると主張している（邦訳242頁）。

第二に，政治的知識の豊富な人は，接触した新情報の内容についてすでに知っている部分が大きいため，その分フローの効果は弱く現れる可能性がある。たとえば選挙キャンペーンによって「選挙が○月○日に行われる」という情報が流通するが，そうした情報には彼らの投票参加を促す機能がある[11](Delli Carpini and Keeter 1996, 224-227)。しかし，ある程度政治について知識があり注意を払っている人であれば，そのような単純な情報は選挙期間に入る前から承知しているものであり，改めてキャンペーンを通した情報によって投票参加が促されるといったことはないであろう。

以上2つの交互作用効果は，影響力の方向性という面で相反したものである。情報ストックを多く保有する有権者に対して情報フローの効果は強く現れるのか弱く現れるのか，という問題を一般論として論じるのは非常に難しい。しかし，いずれにしても情報フローの効果について深く理解するためには，情報のストック面についても考慮する必要があることは確かである。

---

[11] 投票日を知らなければ選挙に参加しようがないわけであるから，これは当然のことである。

1.3 本書の課題と構成

本章では，選挙過程における情報フローの構造と機能について検討することが政治学的に重要な問題であることを論じ，それに関連して問われるべき諸論点を示した．最後に，次章以下で検討される4つの具体的な課題を挙げながら，本書全体の構成（図1.5）について述べたい．

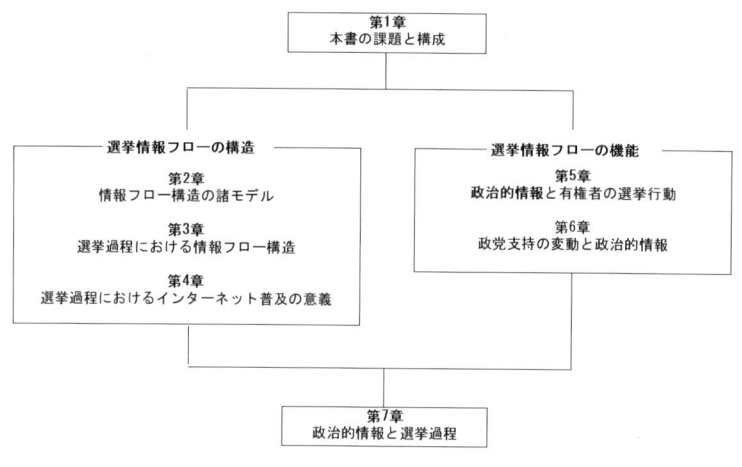

図1.5 本書の構成

本研究の第一の課題は，「選挙時において，市民はどのようなルートからどのくらいの選挙情報を得ているのか」という点について明らかにすることである．この論点は，先行研究の文脈上では「コミュニケーションの流れ」研究に位置付けることができる．まず第2章「情報フロー構造の諸モデル」では，Lazarsfeldらに始まる先行研究の成果を紹介し，現代日本の選挙情報フローモデルについての示唆を得るとともに従来のモデルの問題点を指摘する．「アメリカの」，しかもコミュニケーション過程「一般の」モデルをそのまま日本の選挙過程に適用しても，実態には合わないという点がここでの主な主

張である。

　第3章「選挙過程における情報フロー構造」では，第2章の議論にもとづいて，現代日本の選挙過程における情報の流れを実証的にモデル化する。先行研究では情報源に「接触したか否か」という点だけを問題としていたが，本研究ではこれに加えて「情報量」を操作的に定義することによって，各情報伝達ルートの相対的重要度をより精密に分析する。その結果，日本の選挙過程においては，マスメディアやソーシャル・ネットワークのみならず，候補者・政党の選挙区レベルでの直接的なキャンペーン活動が有権者の情報源として比較的に重要であることが示される。

　本研究の第二の課題は，「どのような市民がより選挙情報に接触するのか」という点を明らかにすることである。政治的知識量には社会経済的地位など個人的属性によって格差がある。選挙情報接触量の格差構造を捉えることは，市民間の知識ギャップがプロセスとして縮小傾向にあるのか，累積的傾向を示しているのかという問題の理解につながる点で規範的に重要である。この論点は第3章において扱う。

　第三の課題は，「従来型の選挙情報フロー構造に対して，インターネットの普及がいかなるインパクトを与えうるか」という問題について検討することである。インターネットは，エリートの情報提供コストや市民の情報獲得コストを大幅に低下させるから，潜在的には従来の情報フロー構造を変容させる可能性がある。とりわけ問題となるのは，インターネットの普及によって，エリート間の情報提供力の格差や市民間の情報格差が縮小に向かうのか拡大に向かうのか，という点であろう。第4章「選挙過程におけるインターネット普及の意義」では，インターネット上における有権者の情報接触行動を検証することによって，これらの論点に対して一定の示唆を与えたい。

　以上3つの課題は，選挙情報フローの「構造」に関するものであった。最後は「機能」についての問題である。もし選挙情報が有権者の行動や意識に対して何の効果も持っていないのだとすれば，そもそも「構造」について議論する価値も疑わしい。それゆえ，情報フローの「機能」を確認することも本書の重要なパートである。

　すなわち本研究の第四の課題は，「選挙情報フローは有権者の意図や行動に

どのような効果を持っているのか」という点について明らかにすることである。選挙キャンペーンのいわゆる「改変」効果は一般に弱いとする研究が多いけれども，それでもなお理論的には他の効果を想定することができる。そこで第5章「政治的情報と有権者の選挙行動」において，選挙情報の投票参加に与える影響，および投票意図に与える影響について検討する。日本の選挙は比較的に期間が短く規制も厳しいが，有権者は選挙キャンペーンから候補者や争点に関する情報を確実に吸収し，その結果として投票参加が促進され，投票意図が変動していることが明らかにされるであろう。

第5章では，選挙情報の効果を明らかにする過程で「どのような人に選挙情報フローの効果はより大きいのか」という点についてもアプローチする。本研究において注目するのは，情報ストックの機能である。分析の結果，政治知識量の大小によって選挙情報の効果の大きさが異なっていることが実際に確かめられるであろう。

第6章「政党支持の変動と政治的情報」では政党支持率の変動構造について選挙情報の流通量と関連させながら論じ，選挙キャンペーンの長期的効果の一端を探る。

結論部である第7章「政治的情報と選挙過程」では，本書全体の内容を総括しながら，4つの課題に対する一定の回答を与える。さらに，本研究の知見から得られるインプリケーションについて述べ，全体の結びとしたい。

第 2 章
情報フロー構造の諸モデル

本書の目的のひとつは，選挙過程における政治情報の流れを実証的に示すことである。情報フローモデル，すなわち「コミュニケーションの流れ」に関する研究は，Lazarsfeld らの選挙キャンペーン効果研究を嚆矢として長い伝統がある。本章の目的はこの伝統を追いつつ（第 1 節），以降の章で明らかにすべき課題を導くことである（第 2 節）。重要なことは，先行研究の成果をふまえながらも，「日本の」「選挙過程にとって」妥当なモデルを構築することである。

2.1 先行研究の情報フローモデル

本節では情報フローモデルに関する先行研究を通史的に概観するが，注意すべきことは，ここで挙げる研究は必ずしも選挙過程固有の議論ばかりではないということである。「コミュニケーションの流れ」研究は選挙研究を通じて本格的に開始されたが，それ以降ではコミュニケーション研究の一分野として一般化していく。

一般化されたモデルは選挙過程にも適用可能であるはずであり，本研究でも紹介する意義があることはいうまでもない。しかし他方で，選挙過程にはコミュニケーション過程として固有の性格があるはずであるから，その特殊性を明らかにすることもまた重要である。この点については次節で検討しよう。

なお，本節はマスメディア効果論の紹介を目的としているのではないが，

マスメディア登場以前の理論は本研究との関連性を考えて検討しない。

2.1.1 皮下注射針モデル

ナチスによる大衆煽動やフランクリン・ローズヴェルトによる炉辺談話の成功は，研究者のあいだにも「強力なマスメディア」という認識を広めた(池田 2000a, 96)。この議論の前提となるコミュニケーションモデルが「皮下注射針モデル」と呼ばれるものである（図 2.1）。ここには「人びとは孤立した人間あるいはバラバラに原子化されたマスとして，マス・コミュニケーションの流れの前に曝されているという，大衆社会論的な観点」(竹内 1990, 129) があり，マスメディア情報が人々に強くそして広く浸透することが想定されていた。

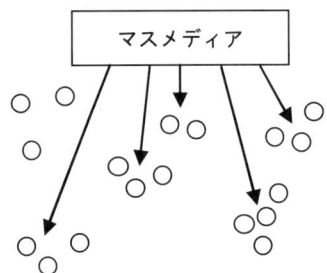

○ マスを構成する個々人
出典：McQuail and Windahl (1981, 49)
図 2.1 初期のコミュニケーションの流れモデル

ただし，皮下注射針モデルは「主として歴史的事件を直感的に理論化したもの」(Rogers 1983, 邦訳 395 頁）であり，学術的な議論といえるものではない。本格的な「コミュニケーションの流れ」研究は，Lazarsfeld らの研究を待たなければならない。

2.1.2 二段階の流れモデル

マスメディアの強力効果を確認するため，Lazarsfeld et al. (1944) は 1940 年の大統領選挙において，新聞・ラジオのキャンペーン効果を調査した。得られた分析結果は，意外にもマスメディア情報の強い浸透力を否定するものであった。「観念はしばしば，ラジオや印刷物からオピニオン・リーダーに流れて，そしてオピニオン・リーダーからより能動性の低い層に流れる」（邦訳 222 頁）こと，すなわち「コミュニケーションの二段階の流れ」が明らかにされたのである（図 2.2）。

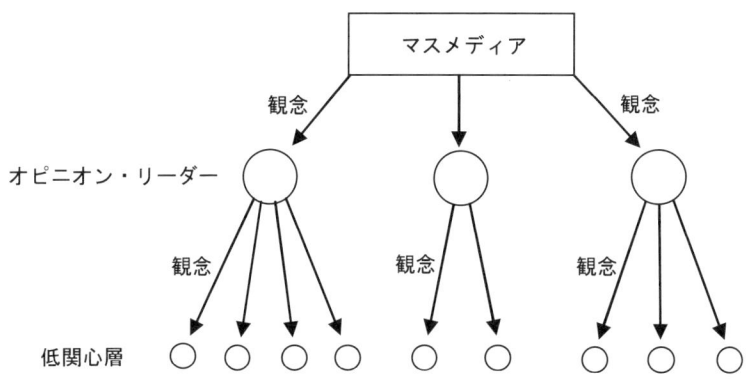

出典：Robinson（1976）

図 2.2 コミュニケーションの二段階の流れ

Lazarsfeld らの研究が明らかにした最も重要な点は，社会的地位や心理的属性によって政治に関する情報源はそれぞれに異なっているということである。そして，政治に対してそれほど関心を持っていない多くの一般有権者にとって，マスメディアではなく周囲のパーソナル・ネットワークこそが主要な情報源であった。

「コミュニケーションの二段階の流れ」仮説は，『ピープルズ・チョイス』

以後 Lazarsfeld ら自身によってさらに検証が進められたが(Berelson, Lazarsfeld and McPhee 1954)，研究自体は選挙の文脈から離れ一般化していく(Katz and Lazarsfeld 1955)。

2.1.3 二段階モデルの修正

1960年代後半以降，二段階の流れモデルは理論的・実証的に修正を受けるようになる。その主な要因はテレビの普及に代表されるマスメディアの発達である。他方，80年代に至ると社会ネットワークの役割が個々人の情報環境を形成する「インターメディアリー」として再評価される。順に検討しよう。

「強力なマスメディア」論の復権

二段階の流れモデルは「より進んだ政治的メディアシステム(特にテレビ)が入手可能になり，より教育程度の高い，よりメディア依存的な市民が登場する以前の理論」(Robinson 1976)であった。テレビの一般家庭への普及拡大に呼応して1960年代後半以降マスメディア情報の到達力を再評価する研究が現れる。

嚆矢となったのはニュース伝播研究であった。いくつかの研究が明らかにしたことは，しばしば情報がオピニオン・リーダーを経由せずマスメディアから直接的に伝達されているという事実であった。Deutschmann and Danielson (1960) は「アイゼンハワーの急病」「人工衛星1号の打ち上げ」「アラスカの州昇格」という3つの大きなニュースについて伝達経路を調査し，それらを知った人の9割以上がマスメディアから第一報を得ていることを示した。Greenberg (1964) もやはり多くのニュースがマスメディアから人々に直接伝わっていることを明らかにしている。

テレビの習慣的視聴は，関心や事前知識の程度にかかわらず一定の情報を視聴者に与える(Zukin and Snyder 1984)。これを「受動的学習」passive learning という(Krugman and Hartley 1970)。新聞情報に関しては一般に関心レベルによって接触率に顕著な差があるから，二段階モデルの想定に反して低関心層にもマスメディア情報が到達しうるという意味で，テレビ普及

の意義は大きい[12]。

 以上のような,マスメディア情報の「強力な浸透力」の再評価をふまえたうえで,コミュニケーションの流れ研究はより現実的なモデルに修正される。ここでは Robinson と Rogers のモデルについて取り上げよう。

 Robinson (1976) は,1968 年アメリカ大統領選の調査にもとづいて選挙情報のフロー構造を実証的に示した。オリジナルの二段階モデルに対する重要な修正点は,一般的すぎる「観念」ideas という概念に代えて,「情報」information の流れと「影響」influence の流れを明示的に区別したことである(図 2.2 と図 2.3 を比較されたい)。「情報」と「影響」は,それぞれメッセージの認知的側面と評価的側面を強調して概念的に分けられている。すなわち,ある情報を人が単に「認知」する段階と,それを「評価」して態度変容など何らかの影響が伴う段階とをコミュニケーション過程において区別しているわけである。

 その上で Robinson は,「情報源に対する接触の有無」という観点からフロー構造を検証し,マスメディアの流すキャンペーン情報が大多数の有権者に中継点なしに伝わっていることを発見した。とりわけテレビ情報については高関心層の 94%,中関心層の 85%,低関心層の 87% までもが直接的に接触していることが示され[13],キャンペーン情報の「一段階の流れ」が確認された(図 2.3)[14]。

---

[12] このあたりの議論のレヴューとして Chaffee and Kanihan (1997) を参照。
[13] Robinson 自身は有権者群を"opinion givers","opinion receivers","non discussants"という 3 カテゴリーに分けているが,ここでは分かりやすさを考慮して,それぞれ「高関心層」「中関心層」「低関心層」と訳した。3 類型のサンプル中に占める割合はそれぞれ 32%,17%,51% であった。
[14] 「強力なマスメディア」論の文脈からは外れるけれども,もうひとつ指摘すべき点は高関心有権者間での「横の」コミュニケーションの確認である。オピニオン・リーダー間の"opinion sharing"については,Berelson et al. (1954) や Troldahl and Van Dam (1965) によってすでに指摘されてきたが,その存在が改めて実証的に示された。情報は二段階ではなく,複数の中継点を経由して伝わりうるのである。この事実からは,コミュニケーションの「多段階の流れ」が示唆される。

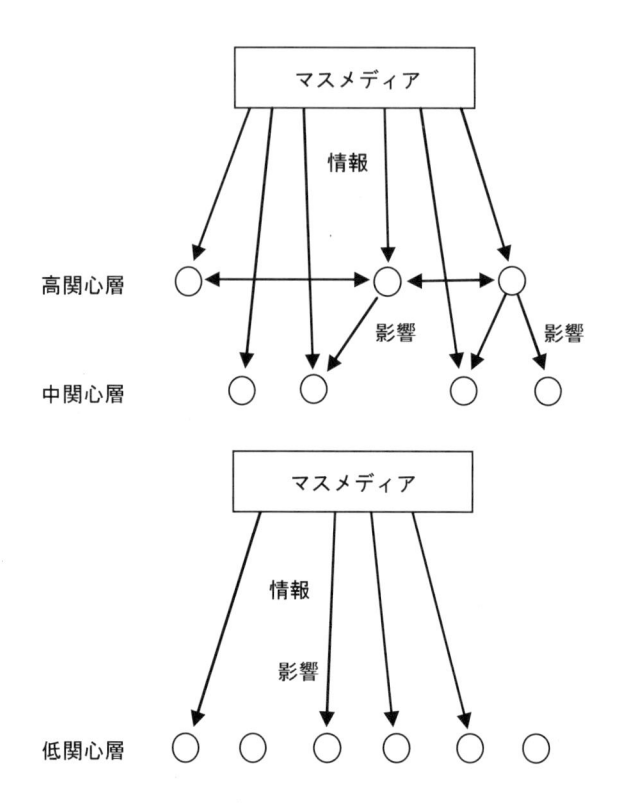

出典：Robinson (1976)

図 2.3 Robinson (1976) の特定した選挙情報の流れ

　一方，Rogers はイノベーション普及過程研究という文脈において二段階モデルを修正した。彼の議論の革新性は，情報と影響の伝播をプロセスとして捉えた点にある。すなわち Rogers (1962) は，イノベーションの採用過程を「認知・関心・評価・試行・採用」の5段階に区分し，多数の先行研究を網羅的に検証した結果として，「インパーソナルな情報源は，採用過程における認知段階でもっとも重要である。そしてパーソナルな情報源は，評価段階でもっとも重要である」（邦訳81頁）と一般化する。また別のところでは以下のように主張する。

マスメディア・チャネルが知識形成で主な役割を果たすのに対し，態度の形成や変化については，マスメディア・チャネルよりも個人間チャネルのほうが重要な役割を果している。しかし，二段階流れモデルの原型では，このような点を明らかにするように説明はなされていなかった。それは，このモデルが意思決定の時間的経過の側面を無視していたためである。オピニオン・リーダーとフォロアーの両方とも，知識形成と態度段階では異なるチャネルが機能している。二段階流れモデルがもともと示唆していたように，オピニオン・リーダーだけがマスメディア・チャネルを用いているわけではないのである。(Rogers 1983, 邦訳 397 頁)

情報認知段階（知識形成段階）においてマスメディアの役割が万人にとって重要であるという知見は，イノベーション普及研究を超えて適用可能であろう。また Rogers の主張は Robinson の分析結果とも整合的である。

さて，Robinson と Rogers の 2 人に共通するのは，「情報」と「影響」の分離であり，「情報」伝達過程における一段階モデルと「影響」過程における二段階モデルの区別である[15]。しかしながら「情報」と「影響」の差は，Robinson 自身も認めているように，実は相対的なものにすぎないのである。「影響」は「説得効果が相対的に大きい情報」であると考えるべきであろう。「影響」過程には必然的に（メッセージ内容という意味での）情報が含まれるはずであるから[16]，情報フロー構造を分析対象とする限りでは両者を区別する必要はない。そもそも両者は概念的にはともかく，操作的には区別が困難なのである[17]。したがって，本研究では両者を区別することはせず，より広い意味で

---

[15] マスメディアとパーソナルネットワークの作用する局面が異なるということは，実は Lazarsfeld ら自身も指摘している(Katz and Lazarsfeld 1955，邦訳「日本語版への序文」)。竹内 (1990, 134) も二段階の流れ仮説は「厳密には…意思決定に際して働く『影響』について適用されるべき仮説であり，事実告知的な『情報』については必ずしも妥当しない」として，「情報」と「影響」との区別を重視する。
[16] 逆に，まったく「影響」力のない「情報」提供も考えにくい。
[17] オリジナルの二段階モデルが「観念」ideas というやや不明確な概念を採用している理由もこのあたりにあるのではないだろうか。

「情報」という語を用いる。「情報」が流通すればそこに何らかの「影響」が生じるが、それはあくまで情報フローの結果であって、フローそのものを構成するとは考えない。Robinson らのいう「情報」と「影響」の差は、本研究では単に「情報量の差」として捉えられる。逆にいえば、情報の流れ方を「ありかなしか」という基準のみで測定するのでは不十分である。情報の流れは連続的な量であり、そのように測定されなければならない。

ソーシャル・ネットワークの再評価

1980 年代から、政治的情報媒介者 political intermediary としてソーシャル・ネットワークに再び注目が集まるようになる(Huckfeldt 1986; 飽戸 2000b)。この議論には市民の情報コントロールの力を限定的に見るという前提がある(鈴木 1999)。すなわち市民が政治情報を探索する能力と意志は限定的なものであるから(Downs 1957; Beck, Dalton, Greene and Huckfeldt 2002)、個々人がもともと埋め込まれている社会的コンテクストの違いが、各人の接触する情報の差として大きく作用する。そして、個々人の属するコンテクストの重要な一端を構成するのが他ならぬソーシャル・ネットワークだということになる。

伝統的な二段階モデルにおいてもパーソナル・ネットワークの重要性は強調されていたが、新しいソーシャル・ネットワーク論においては、周囲との単なる日常会話など[18]、情報提供者に政治情報を伝えようという意図がない場合にまで有権者の情報源(「情報環境」[19])の枠を広げている[20]。逆にいえば、従来の研究は有権者の情報源を、何らかの意図を持って働きかけてくる主体のみに限定していたわけである。

---

[18] 各人の「情報環境」の形成にとって、必ずしも会話があることは必要ではない。有権者は、「政治について語ることはなくとも、政治に関する情報が制約され、限定されていることによってもまた影響を受け」ているのである(池田 2000b, 39)。
[19] 「コミュニケーションの副産物、つまり直接的なコミュニケーション目標に付随して生じる内容が、その目標とは必ずしも関係のない領域でも情報環境を形成する」(池田 2000a, 21)。
[20] 池田(1997, 95)はこのことを、「パーソナル・インフルエンスから対人的環境へ」と表現している。

注意すべきことは，新しいソーシャル・ネットワーク論がマスメディアの重要性を否定しているわけではないということである。情報を根本的に提供するのはマスメディアであるという Lippmann（1922）流の認識は崩れていない。ソーシャル・ネットワークは，マスメディアの造成する社会的情報環境の内部で，流通する情報を意味付けし評価を付与する存在であると見なされる。その意味において，新しいソーシャル・ネットワーク論も「コミュニケーションの流れ」研究の文脈に位置付ければ，伝統的な Lazarsfeld らのパーソナル・インフルエンス論と大きく異なるものではないと見なされよう。

2.1.4 情報フロー構造研究の総括

「コミュニケーションの流れ」研究は，マスメディアの効果の評価を中心的な論点としてサイクルしてきた。1940年代までの皮下注射針モデルはマスメディアの「強力効果論」を前提とし，Lazarsfeld らの二段階の流れモデルは「限定効果論」の先駆けとなった(Klapper 1960)。その後テレビの普及が拡大するに伴って，40年代とは異なった意味でマスメディアの効果を評価する研究が生まれ，一段階の流れモデルが提示された。80年代以降では情報環境形成者としてのソーシャル・ネットワークの役割が再び注目を集めている。

このようなサイクルのなかで不変であるのは，「排他的情報提供者としてのマスメディア」という認識である。ソーシャル・ネットワークの役割をどのように評価するにせよ，エリートに関する情報の根本的な提供者はマスメディアである。一段階であれ二段階であれ，情報の流れに「段階」があると考えられてきたことは，マスメディアに排他的な情報提供役割があるという前提の端的な現れである。すなわち，先行研究における基本的なパラダイムは「メディア依存の理論」だと考えられる。「メディア依存の理論は，マスメディアの『効果』が説得や意図的な操作を通じて生ずると論ずるのではなく…私たちと環境との間にマスメディアというメディア＝インターフェイスが介在し，それに私たちが相当部分の情報入手，処理を依存していることを強調する」(池田 1990, 165)。

他方で，政治情報の送り手であるエリートと最終的受け手である市民を直

接結ぶ情報伝達ルートは，従来ほとんど考慮されることはなかった。Lazarsfeld や Robinson のモデル（図 2.2・図 2.3）に「候補者」というアクターが存在すらしていないことは象徴的である。

2.2 問題点と課題
2.2.1 日本の選挙過程に適用する際の留意点

前節で見たように，先行研究ではエリートの発信した情報が「いかなる媒介を受けて」有権者に届くかが論点となり，エリートと市民の直接的なつながりは軽視されてきた。この認識は，「コミュニケーションの流れ」研究にとどまらず投票行動研究にも波及する。たとえば Beck et al. (2002) は，有権者の投票選択を左右する各情報源の相対的重要度を比較しているが，そこで想定されているのは，マスメディア，パーソナル・ネットワーク，二次集団という 3 種類のみである。

日本の文脈においても「ソーシャル・ネットワークとメディアを合わせた『インターメディアリー』こそが，これからの投票行動研究の中心概念とされるべきである」（飽戸 2000a, 12）とされる。そして究極的な情報提供者はマスメディアであると見られる。すなわち，「政治情報の入手という『認知的』側面に注目すると，マス・メディアは一般有権者の政治情報をほぼ独占している」（三宅 1989, 222）との認識である。高瀬も同様の観点から以下のようにいう。

> 現在，選挙にかんする情報の多くは，マスメディアをつうじて有権者に伝達されている。…選挙情報の多くはこの「媒体」によって評価され，加工されてから，有権者に示されている。現在のところ，こうしたマスメディアの干渉を受けない選挙情報の大量伝達は政見放送や政治 CM，ないしはインターネットによる情報提供にかぎられている。(高瀬 1999, 18)

ところで,「コミュニケーションの流れ」研究は Lazarsfeld 以来, 選挙キャンペーン研究から離れて一般化している。一般化されたモデルを選挙過程に「特定化」する際には, コミュニケーション過程としての選挙の特殊性が加味されなければならないはずである。さらに, アメリカの状況が想定されているコミュニケーションモデルを日本の選挙過程に適用するには, 一層の注意が必要となる。

まずはコミュニケーション過程としての選挙過程の特殊性について検討しよう。たとえば, 首相の動静ニュースと総選挙における候補者情報の流通過程の相違について考えてみればよい。圧倒的大多数の国民にとって, 首相の動静はマスメディアの報道 (および, それを媒介する社会ネットワーク) によってしか知ることはできない。この場合, Lippmann (1922) 流にいえばマスメディアによる「擬似環境」形成は必然である。

選挙中に流通する候補者情報についても, 政見放送や情勢報道, 新聞広告などマスメディアが果たしている役割は小さくはない。しかし候補者情報の場合, 情報の送り手である候補者自身が街頭演説やビラの配布等を通して直接的に有権者に情報を提供できるルートがあり, しかも少なからぬ有権者にとって, おそらくこのルートはマスメディア以上に重要な機能を果たしている。少なくとも, この点でマスメディアはもはや「排他的情報提供者」ではない。

さらに日本の選挙の場合, アメリカと比較して, エリートの直接的な有権者との接触が一層重要な情報伝達経路であるという論拠がある。第一に, 日本の選挙では, アメリカに比べてマスメディアを通じた情報の流通量が乏しい。その主要な原因は, マスメディアを利用した選挙運動を強く規制する制度にある。日本の公職選挙法は新聞やテレビの有料広告を利用した選挙運動を禁止している。マスメディアを利用した選挙運動としては, 候補者には公費による政見放送・経歴放送, また新聞に政見を掲載することが認められている。しかし政見放送の割当て時間は限られたものであるし[21], 視聴率もき

---

21 無所属候補には政見放送が認められていない。

わめて低い[22]。政党には日常的な政治活動の一環という名目でテレビ広告の利用が許容されているが、これについても事実上の内容規制がある[23]。

他方、マスメディアによる選挙報道についても情報量の面で充実しているとはいいがたい。井堀は以下のようにいう。

> テレビや新聞での選挙に関する報道も、「中立性、公平性」という建前のもとで、表面的な情報しか伝えておらず、有権者が候補者を選別するさいの有益な情報になっていない。とくに、テレビ報道は有権者が各候補者間での差別化をするさいに、情報量がほとんどゼロの状態にある。(井堀 1999, 24)

高瀬 (1999, 23) も、「最近の国政選挙の選挙報道は、以前のように選挙期間中から『注目候補』を取りあげることが少なくなった。特定候補に着目することによって報道が投票行動に影響するとの批判を避けるようになったためである」と述べ、マスメディアが報道する選挙区レベルの情報が乏しいものであることを指摘している。

エリートによる直接的な選挙運動が日本で相対的に重要である論拠として、第二に、日本の議会選挙とアメリカ大統領選との規模の違いが挙げられる。選挙区サイズの点から、日本の議会選挙では候補者が選挙民に対して直接的に情報提供することが比較的に容易であり、実際、名前の連呼や街頭演説といった選挙運動は活発に行われる。

これに対して、アメリカ大統領選（の研究）では、キャンペーンといえばまずテレビを中心としたマスメディアによる宣伝が重要視される(飽戸 1989)。候補者の宣伝のみならず、党大会中継など全国的なキャンペーンイベントのマスコミ報道の多さも日本の議会選挙にはないアメリカ大統領選の特徴であ

---

[22] テレビ政見放送の平均視聴率は 93 年総選挙で 3.24%、96 年総選挙で 2.32% となっている(川上 1998)。
[23] たとえば 1996 年総選挙において自民党は、新進党の主張する消費税率について「新進党は、本当は何%ですか」というコピーを用いたテレビ CM を流すことができなかった。放送局側の考査基準である「誹謗・中傷の禁止」に抵触したためである(高瀬 1999, 80)。

る(Akuto 1996)。Popkin (1991, 9) も「キャンペーンは多くの人々にとってメディアを通して到達するものである」と述べ，アメリカの選挙におけるマスメディアの重要性を強調している[24]。

さらにアメリカ議会選挙と比較しても，日本では基本的に1回につき1種類の選挙しか行わないため，大統領選をはじめ多数の選挙を兼ねるアメリカよりも総候補者数が少なくなり，その分1人1人の候補者と選挙民との近接性が高く直接的な接触も多いとされる(Flanagan 1991)。

以上の議論から，日本の議会選挙においては，少なくともアメリカの選挙をモデルにした情報フロー構造と比較して，マスメディア情報の役割が小さく，代わりにエリートによる直接的なキャンペーンの機能が重要であると見られる[25]。問題は，マスメディアやソーシャル・ネットワークを媒介するルートと比較して，この情報伝達ルートがどれほどの相対的重要度を持っているかということである。もしエリートによる直接的な情報提供が，アメリカ大統領選のように無視できる程度の重要性しかないのであれば，新たな情報フローモデルを考える必要はない。この点について，実証的に確認することが求められている。

2.2.2 検討すべき課題

マスメディアとソーシャル・ネットワークのみを有権者の情報源として想定するという先行文献の前提は，少なくとも日本の選挙過程の記述としては

---

[24] アメリカ大統領選においても演説会は活発に行われるが，日本の選挙における名前の連呼や街頭演説と同様の密度でこれを行うことは選挙区のサイズからほぼ不可能であるし，マスメディアを活用できるために必要性も低い。アメリカでも議会選挙レベルでは有権者との直接的な接触も比較的活発に行われているようであるが，この場合も実はメディアに取り上げられることが真の目的になっているといわれる(Jacobson 2000, 84)。

[25] 日本で候補者の直接的なキャンペーンが盛んである原因として，以上の他に，「中選挙区制時代の遺産」ということが考えられる。すなわち，中選挙区制は政党内競争の存在から候補者主導の選挙区内キャンペーンを行うインセンティブを候補者に与えるが，そのキャンペーン・スタイルが並立制移行後も維持されている可能性がある。この点を敷衍すると，（狭義の）選挙制度もまた，有権者の政治情報獲得経路に影響を与えるという理論的に重要な示唆が得られる。

実態と合わない可能性が高い[26]。この議論をふまえて次章では,「有権者に対する候補者・政党の直接的な情報提供」というルートにも注目しながら,現代日本の選挙過程における情報の流れを実証的に示したい。すなわち,連呼や街頭演説といった,マスメディアやソーシャル・ネットワークを通さない選挙キャンペーンを有権者の重要な情報源として見直す。

エリートの直接的なキャンペーン活動の重要性は,マスメディア報道がより乏しい地方選挙で考えると一層顕著であろう。しかし次章では,マスメディアによる情報供給が比較的多いと考えられる衆院総選挙においてさえも,直接的な選挙キャンペーンの役割が情報伝達ルートとして無視できないことを示す。その際,先行研究のように各情報ルートに対する接触の「有無」だけに注目するのでは不十分である。接触の「有無」だけならどの情報ルートでも存在して当然であるから,接触した情報の「量」を測定することが必要となる。

以上の議論とは別に,近年の情報技術の急激な発達を鑑みて,インターネット普及が選挙情報の流れに与えうる影響についても検討したい。この課題は,日本の選挙過程の研究というよりもむしろ,「コミュニケーションの流れ」研究全体への貢献を目的とする。インターネットはエリートにとっては低コストの情報提供を可能にし,市民にとっては低コストの情報収集を可能にする新しいリソースである。このようなコミュニケーション・メディアの存在は従来の情報フロー構造研究では前提されておらず,したがって,その普及の意義を探ることが求められている。インターネットは今のところ普及度や利用方法の面で発展途上のコミュニケーション・メディアであるから,この論点については,伝統的な選挙キャンペーンを対象とする次章とは区別して第4章で扱う。

なお,第3章,第4章を通じて留意することは,先行研究よりも詳しく有権者間の「情報格差の構造」を検討するということである。従来の情報フロー構造研究は市民の政治的関与を中心的属性として「メディア接触度の差」

---

[26] けっしてマスメディアやソーシャル・ネットワークの役割が小さいと主張しているわけではないことに注意されたい。

を区別してきた．本研究では，心理的属性だけではなく，社会経済的属性による情報格差も明示的に考慮する．この作業を通して，情報フロー構造研究は政治知識格差に関する先行研究と接続される．

第3章
選挙過程における情報フロー構造

　本章では，前章で示された先行研究の問題点をふまえたうえで，現代日本の選挙における政治的情報の流れをモデル化する。明るい選挙推進協会による 2000 年衆議院選挙調査を利用して[27]，どのようなルートでどのくらいの選挙情報が流通しているのか，また，どのような有権者がより選挙情報を得ているのか，という2つの側面から情報フロー構造を実証的に示したい。

　以下，第1節では「情報ルート」と「情報チャネル」という2つの概念を定義し，分析の枠組みを用意する。第2節では，各情報ルートでどのように選挙情報が流れているのか実証的に把握する。第3節では，どのような有権者がより選挙情報に接しているのかという点について分析し，情報格差の構造を明らかにする。

3.1 情報ルートと情報チャネルの分類

3.1.1 情報ルート

　選挙過程において候補者・政党が発信する情報（以下，単に「選挙情報」という）は，直接的に，あるいは間接的な経路をたどって有権者に認知される。ここでは選挙情報が有権者に伝達される経路のことを「情報ルート」と

---

[27] 2000 年（第 42 回）衆議院議員総選挙は 6 月 25 日に実施された。当調査は，7 月 3 日から 16 日にかけて全国の満 20 歳以上の男女 3000 人（選挙人名簿を利用した層化二段階無作為抽出法によるサンプリング）を対象に面接法で行われた。有効回収数は 2260（75.3％）。以下では，当データを「明推協データ」と略して記す。

呼ぶことにしよう。第2章で論じたように,従来の政治的コミュニケーション研究では,有権者が取得する選挙情報の提供機能はマスメディアが基本的に「独占」し(三宅 1989, 222),パーソナル・ネットワークや諸組織が「影響の流れ」という形で関与すると想定されていた。本研究ではこれに加えて,候補者・政党の直接的なキャンペーンによる情報ルートについて考慮する。

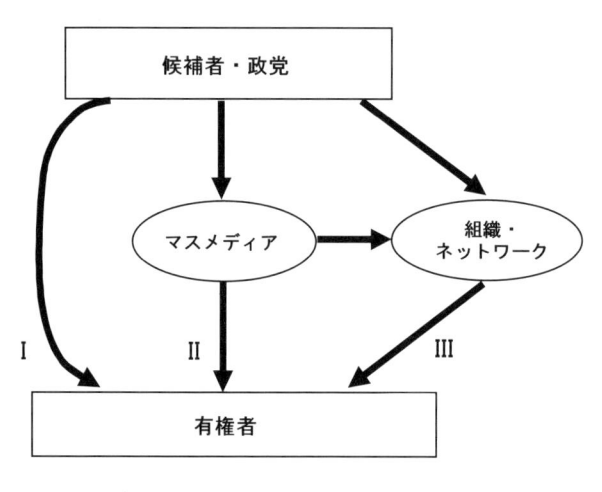

```
                    候補者・政党
              ┌──────────┐
              │          │          
         ┌────┤          ├────┐
         │    └──────────┘    │
         │         │          │
         │    ┌─────┐    ┌───────┐
         │    │マス │───▶│組織・ │
         │    │メディア│    │ネットワーク│
         │    └─────┘    └───────┘
         │         │          │
         I         II         III
         ▼         ▼          ▼
              ┌──────────┐
              │  有権者  │
              └──────────┘
```

情報ルート
I　直接キャンペーン
II　マスメディア
III　パーソナル

図3.1　選挙情報ルートのモデル

図3.1は選挙情報ルートのモデルである。図中のIは,本研究で注目する候補者・政党からのダイレクトな情報フローを示している。このルートを通じて伝達される情報は,定義上,政治的情報媒介者 intermediary によって媒介されることはなく,送り手の意図がそのまま反映される。このことは情報が送り手の意図どおり「受容」されるということを必ずしも意味しない。ここでは単に,送り手の発信した情報内容がそのまま有権者に「受信」され

ることを示している[28]。以下ではこのルートを「直接キャンペーン」ルートと呼ぶ。

IIは候補者・政党に関する情報が，マスメディアを経由して有権者に流れるルートである。このルートを流れる情報は「宣伝」と「報道」に大別することができる。「宣伝」はテレビCMや新聞広告，政見放送などで，基本的に候補者・政党の意図どおりの情報が流されるものを指す。これに対して「報道」は，メディア側が自ら編集した選挙情報を流す部分である。このルートを以下「マスメディア」ルートと呼ぶ。

IIIは諸組織や社会的ネットワークを経由して選挙情報が伝達されるルートである。候補者・政党の支持者，支持団体は，選挙時に他の有権者に働きかけることで情報の流通に寄与する。あるいは単に家族や友人との日常的な会話のなかにも（意図によらず）選挙情報が含まれる場合がある(Huckfeldt, Beck, Dalton and Levine 1995)。働きかけてくる主体は，候補者・政党から直接的に情報を取得する場合もあるし，マスメディアを通して間接的に取得する場合もある。フォーマルな組織による選挙活動と，インフォーマルなパーソナル・ネットワークによる情報環境の形成は理論的に別ルートとされることが多い(たとえば, Beck, Dalton, Greene and Huckfeldt 2002)。しかしながら，実際上これらの差は相対的であり，操作的にも明確に分けることは困難であるから，ここでは区別して扱うことはしない。このルートを以下「パーソナル」ルートと呼ぶ。

3.1.2 情報チャネル

各ルートを流れる情報は，それぞれ多様な形態で伝達される。ここではその伝達形態のことを「情報チャネル」と呼ぼう。明推協データでは小選挙区選挙に関する情報チャネルとして36種類が質問項目に挙げられている[29]。も

---

[28] 伝統的に，説得効果研究では情報の「受信」receiveと「受容」acceptを区別してきた（最近ではZaller (1992)を参照）。「受信」とは単にメッセージを認知することであり，「受容」とはそのメッセージに含まれる情報が受け手の選好，意見，態度に影響することをいう(Shaw 1999, 347)。

[29] 質問文は付録Bを参照されたい。ここで扱う情報チャネルに対する接触は，質問文

ちろんこの他にもチャネルは存在するであろうが，挙げられている 36 種類は実に多種多様であって，ここで捕捉できないチャネルを考慮しないとしても，以降の分析を全体として大きく歪めることはないであろう[30]。本研究では，表 3.1 のように 36 種類の情報チャネルを分類した。表には各チャネルが帰属する情報ルートの種別と接触率（サンプル中に占める接触者数の割合）について示してある。

上，法的な意味での選挙期間内に限られていない。

[30] 明推協データはおよそ入手しうるデータセットのなかで最も扱われているチャネルの種類が多い。また本章では実際上，分析対象となる情報量の単位は（個々のチャネルではなく，それを合算した）各情報ルートであるから，「あらゆる」チャネルを考慮し得ないとしても，相対的な各ルートの情報量の差に大きな影響が出ない限りは（つまり，巨大な情報量を持つチャネルが無視されているのでない限りは）重大な問題とはならない。

表3.1 情報チャネルの分類と接触率

情報チャネル	情報ルート	接触率(%)
候補者ポスター	直接キャンペーン	38.1
候補者ビラ	直接キャンペーン	33.9
選挙公報	直接キャンペーン	31.6
連呼	直接キャンペーン	30.8
街頭演説	直接キャンペーン	23.4
政党ビラ・ポスター	直接キャンペーン	23.1
候補者ハガキ	直接キャンペーン	18.8
個人演説会	直接キャンペーン	17.4
政党ハガキ	直接キャンペーン	11.1
後援会の推薦・依頼	直接キャンペーン	8.3
政党機関紙	直接キャンペーン	7.4
政党街頭演説	直接キャンペーン	7.4
政党演説会	直接キャンペーン	6.1
家族の話し合い	パーソナル	14.3
友人・親戚のすすめ	パーソナル	14.3
熱心な人の勧誘	パーソナル	9.7
職場での話し合い	パーソナル	6.1
仕事関係団体の推薦	パーソナル	5.7
近所の評判	パーソナル	4.6
町内会等の推薦	パーソナル	4.0
労組の推薦	パーソナル	3.5
その他団体推薦	パーソナル	2.2
上役・有力者のすすめ	パーソナル	2.0
候補者経歴放送(テレビ)	マスメディア	40.4
候補者新聞広告	マスメディア	33.0
政党政見放送(テレビ)	マスメディア	33.0
テレビ選挙報道	マスメディア	31.4
新聞選挙報道	マスメディア	23.9
政党新聞広告	マスメディア	16.9
党首討論会	マスメディア	14.0
候補者経歴放送(ラジオ)	マスメディア	6.9
政党政見放送(ラジオ)	マスメディア	5.6
ラジオ選挙報道	マスメディア	4.4
雑誌選挙報道	マスメディア	3.6
電話勧誘	?	26.4
インターネット	?	1.8
どれも見聞きしない		5.1

「接触率」は「わからない」と回答した人を除いたサンプル全体(2216人)に占める接触者数の割合.

分類に際してやや議論があると思われるものについて検討しよう。第一に「後援会の推薦・依頼」はパーソナルルートではなく直接キャンペーンルートに分類した。後援会も一種の組織であるが，候補者自身が直接的にコントロール可能であるという点で業界団体や労働組合等とは異なるとの判断からである。第二に「電話勧誘」と「インターネット」は分類不能であった。いずれも質問文上，情報発信者が不明だからである。電話勧誘の場合，後援会から有権者に電話がかかってくれば直接キャンペーンだが，支持団体や友人からかかってくればパーソナルルートである。インターネットに関しても情報の発信者が特定できないから分類不能であるが，このチャネルについては第4章で別のデータセットを利用して詳細に扱う。

各チャネルの基本的な特性として，接触に必要とされる主体性ないし能動性の程度を挙げることができる。たとえば周囲からの働きかけは有権者にとって受動的なものであるから，接触に能動性は必要とされない。他方，政見放送や選挙公報から情報を得ようとすれば，（単に「偶然目にした」というのでなければ）いくらかの能動性が必要である。図 3.2 は，各チャネルに接触したかどうかというダミー変数と政治関心度の相関係数の値を，高い順に並べたものである。参考のために「(36 チャネルの) どれも見聞きしない」も項目として加えてある。

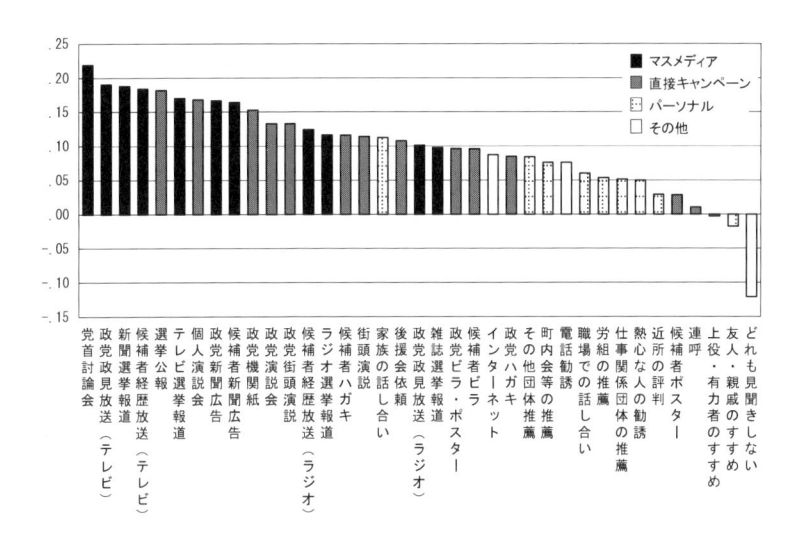

第3章 選挙過程における情報フロー構造 53

図3.2 各チャネルに対する接触と政治関心の相関

　各チャネルの順位はほぼ常識的なものと思われる。注意すべきことはマスメディアルートのチャネルに対する接触が一般に高い政治関心を伴い，逆にパーソナルルートのチャネルに対する接触は政治関心とあまり関係がないということである。この結果は伝統的な「コミュニケーションの二段階の流れ」仮説に適合的である。マスコミュニケーションがほとんどの有権者に普及した現代においても，それを通じて選挙情報が一様に普及するわけではなく，社会ネットワークが情報の幅広い流通に寄与していることを示唆する。他方，直接キャンペーンルートのチャネルは，選挙公報や個人演説会のように高い政治関心を伴うものから，連呼や候補者ポスターのように政治関心とほとんど関係性がないものまで多様である。以上のような各チャネルの特性は情報フロー構造にも反映するであろう。次節以降でこの点について検討する。

3.2 選挙情報の流れ

ここでは前節で定義した情報ルートと情報チャネルを使って，2000年総選挙における選挙情報の流れを，第一に各ルートに対する接触の「有無」という観点から，第二に各ルートの「情報量」という観点から，分析する。

3.2.1 情報接触の「有無」を基準にした情報フロー構造分析

Robinson (1976) は，1968年のアメリカ大統領選における選挙情報の流れを，各情報ルートに対する接触の有無という観点から実証的に示した（第2章参照）。彼の手法に倣って，2000年総選挙における情報フロー構造を概観してみよう。

表3.2 各情報ルートに対する接触パターン

情報ルート	接触パターン								当該ルート接触者数(%)	
マスメディア	×	○	×	×	○	○	×	○	1610	(72.7)
直接キャンペーン	×	×	○	×	○	×	○	○	1746	(78.8)
パーソナル	×	×	×	○	×	○	○	○	877	(39.6)
各パターン該当者数	132	215	238	63	754	60	173	581		
サンプルに占める割合(%)	6.0	9.7	10.7	2.8	34.0	2.7	7.8	26.2		

%は「わからない」と回答した人を除いたサンプル全体（2216人）に占める割合。

表3.2は3つのルートそれぞれに接触したかどうかによってパターンを分類し，各接触パターンに該当するケース数（および，全体に占める割合）を示したものである。これによると，3ルートすべての情報に接触した有権者は全体の3割に満たない（26.2%）。特にパーソナルルートはサンプル全体の4割弱の接触率しかなく（39.6%），マスメディアルート（72.7%）の半分程度となっている。他方，直接キャンペーンルート（78.8%）はマスメディアルートよりも接触率が高く，これを無視した情報フローモデルが日本では有意性を欠くことが確認できたといえよう。

総選挙ですら一割以上の人が直接キャンペーンルートにしか接触していないという事実は重要である。地方議会選挙の場合，直接キャンペーンにしか接触しない人の割合はおそらくさらに大きくなるであろう。

3.2.2 「情報量」を基準にした情報フロー構造分析

接触の有無を基準にしたパターン分類は明快であるが，各チャネルの持つ情報量を同等と捉えるのは単純にすぎるだろう。選挙ポスターは多くの人に認知されるが，情報量は候補者の顔や名前に限られる。他方，候補者の個人演説会に参加する人の数は限られているが，投票の判断に利用できる情報量はより大きいだろう。したがって，実質的な情報フロー構造を捉えるためには，情報量という観点から各チャネルをウェイトづけすることが望ましい。

ところが，三宅（1990, 271）も「選挙情報の質と量，およびその流れを正確に計ることは不可能に近い」と述べているように，情報量のウェイトづけは容易な操作ではない。明推協データでは「接触したチャネル」とは別に「役に立ったチャネル」を挙げさせる質問項目があるが[31]，これを単純に用いるだけでは 1 か 0 という粗いウェイトづけしかできない。そこで本研究では，各チャネルの平均的な情報量を以下のように操作的に定義した。

$$各チャネルの情報量 = \frac{当該チャネルが「役に立った」とした人の数}{当該チャネルに接触した人の数}$$

すなわち，各チャネルの「役立つ」蓋然性の高さを情報量に見立てるわけである[32]。たとえば選挙ポスターは 845 人が接触し，125 人が「役に立った」としたので情報量は 125/845 = .15 である。同様に個人演説会は 386 人中 156 人が評価したので情報量は 156/386 = .40 となる。

---

[31] 質問文は付録 B 参照。
[32] 三宅（1990）は同じ指標を「選挙情報メディアの効率」を示すものとして，分析に利用している。その効率性指標から，「〔連呼，ポスター，ビラ，電話，葉書などは〕一方的に目や耳にいやでも入ってはくるが，情報内容に乏しい」（傍点筆者）と記述していることから分かるように，三宅のいう「効率」は実質的に本書の「情報量」とほぼ同じ概念だと考えてよい。

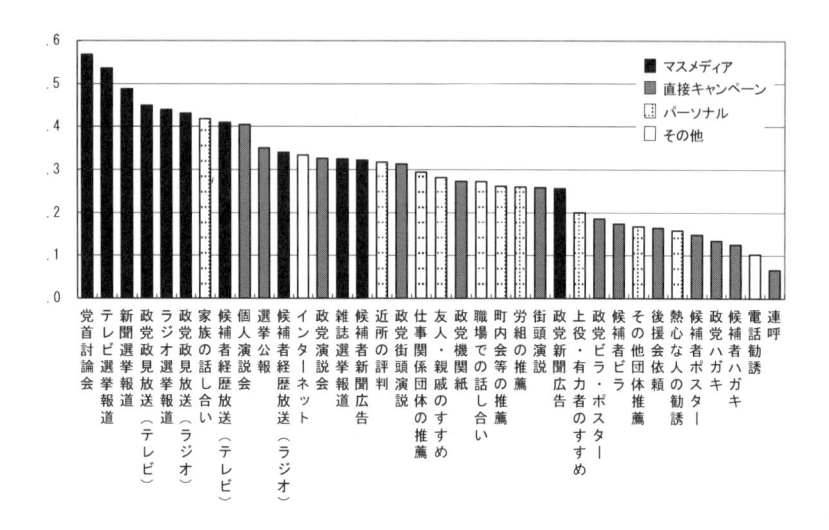

図 3.3 各チャネルの情報量

　図 3.3 は以上のようにして算出された各チャネルの情報量を示したものである。これを見ると，一般的に直接キャンペーンルートのチャネルよりも，マスメディアルートのチャネルのほうが情報量は多い傾向にある。理解しやすい結果だといえるだろう。しかし，そうすると直接キャンペーンルートの接触率が比較的高い（表 3.2）といっても情報量の観点からすれば，やはり無視しうる程度でしかないかもしれない。実質的にはやはりマスメディアが情報供給を「独占」しているのではないだろうか。

表 3.3 選挙情報全体に占める各ルートの情報量割合

	マスメディア	直接キャンペーン	パーソナル
全情報量に占める当該ルートの情報量	54.5%	32.1%	11.4%
全情報量に占める当該ルートの「候補者情報」量	24.7%	24.9%	?

上段3ルート合計が100%にならないのは「インターネット」と「電話勧誘」がどのルートにも分類されていないため（全情報量には含まれている）．

表 3.3 は，各チャネルの情報量と接触者数を掛け合わせて全チャネル分総和したものを「全情報量」としたときに，そのうちに占める「各ルートごとの情報量」の内訳を示したものである。これによると，マスメディアルートの情報量は，全情報量の 5 割以上を占めており，やはり最大のウェイトを持っていることが分かる。しかし，直接キャンペーンルートの占める地位も 3 割以上となっており，相当大きい。

しかもこの結果は，「候補者情報」量という点から見ればマスメディアルートをかなり過大に評価していると推定される。表 3.3 の 2 行目は，候補者に関する情報を比較的大きな割合で含んでいると考えられるチャネルを「候補者情報伝達チャネル」として定め[33]，そこから各ルート中の候補者情報量を推定し[34]，全情報量に占める割合を示したものである（ただし，パーソナルルート帰属チャネルについては分類が困難であるため，候補者情報量の推定を断念した）。情報内容の分類は精密なものとはいえないので傾向を表しているにとどまるが，結果によると，直接キャンペーンルートとマスメディアルートのそれぞれで流れている候補者情報量はほぼ等しい。これは直接キャンペーンルートに占める候補者情報の割合（77.4%）が，マスメディアルート（うち 45.4% が候補者情報）よりもかなり大きいことによる。

一方，パーソナルルートの情報量は全情報量中の 1 割程度で，接触率と同様に小さい。選挙過程の情報フロー構造を捉える際には，マスメディアルートと直接キャンペーンルートを主として見なければならないことを示唆している。

政治的関与のレベルと各情報ルートに対する依存度

表 3.3 の結果は，日本の選挙キャンペーン情報全体に占める各ルートの相対的重要度であるとともに，日本の有権者の「平均的な」情報接触パターン

---

[33] 「個人演説会」「選挙公報」「街頭演説」「連呼」「候補者ビラ」「候補者ポスター」「候補者ハガキ」「後援会の推薦・依頼」「候補者新聞広告」「候補者経歴放送（テレビ）」「候補者経歴放送（ラジオ）」「新聞選挙報道」の 12 チャネル。
[34] 「候補者情報伝達チャネル」から流れる情報はすべて候補者情報で，それ以外のチャネルにはまったく候補者情報が含まれていないと仮定した。

でもある。しかし実際には，有権者の属性によってどのルートからの選挙情報により依存しているかは異なる。

Lazarsfeld et al. (1944) は，「オピニオン・リーダー」と「能動性の低い層」に市民をカテゴリー分けしたうえで，前者がマスメディアに，後者がパーソナル・ネットワークに情報を依存していると主張した（図 2.2 参照）。これに対して Robinson (1976) は，能動性の程度にかかわらず市民の多くがマスメディア，特にテレビから選挙情報を得ていると反論している（図 2.3 参照）。

本章の分析結果は，現代日本の選挙過程におけるコミュニケーションについて，Lazarsfeld らの見解がより妥当であることを示すものである。表 3.4 は，市民の政治的な能動性（政治関心）によって各情報ルートに対する依存度がどれだけ異なるのかを示したものであるが[35]，たしかに政治的関与のレベルが高いほどマスメディアルートに対する依存度が高まり，逆に関与のレベルが低いほどパーソナルルートに依存している傾向が認められる。また，最も関心の低い層におけるマスメディアルート接触率は 39.3％となっており，絶対的にも高いものとはいえない（最高関心層では 84.4％の接触率）。

表 3.4 各情報ルートに対する依存度（政治関心レベル別）

政治関心レベル	マスメディア	直接キャンペーン	パーソナル
全くなし	48.6%	36.9%	12.5%
ほとんどなし	48.6%	35.4%	13.6%
多少あり	54.4%	31.7%	11.9%
非常にあり	56.7%	31.7%	9.7%

しかし，以上の知見よりも一層重要なことは，政治関心レベルに関係なく直接キャンペーンルートが相当に大きな役割を果たしているという事実である。とりわけ政治的関与の低い市民にとって，直接キャンペーンルートが情

---

[35] 厳密には，政治的関与（political engagement）は政治関心（political interest）よりも包括的な概念であろうが，ここでは政治関心を政治的関与の指標として代表させる。

報源として占める割合は大きい．現代日本の選挙過程におけるコミュニケーションの流れは，根本的なところで Lazarsfeld が考えていたものとも Robinson が考えていたものとも異なっている．

3.3 選挙情報の偏在

人によって接触する選挙情報の総量には差があり，その格差の構造は情報ルートによって異なるであろう．本節では有権者のデモグラフィック属性や心理的属性によって，各ルートの選挙情報量にどれだけ差があるのかを示す．

3.3.1 選挙情報量の操作的定義

まず各人の接触情報量を操作的に定義しよう．ここでは前節で定義した各チャネルの情報量を利用して，「接触した諸チャネルの情報量の総和」を各人の接触情報の総量とする．たとえば，「候補者ハガキ，候補者ポスター」に接触した人の総情報量は $.13 + .15 = .27$ となり[36]，「候補者ハガキ，候補者ポスター，テレビ選挙報道，党首討論会」に接触した人の総情報量は $.13 + .15 + .54 + .57 = 1.38$ となる．同様にして，各個人の「情報ルートごとの」接触情報量を表すこともできる．「連呼，選挙公報，候補者ビラ，家族の話し合い，新聞選挙報道，テレビ選挙報道」に接触した人の場合，直接キャンペーンルートの情報量が $.07 + .35 + .17 = .59$，パーソナルルートの情報量が $.42$，マスメディアルートの情報量が $.49 + .54 = 1.02$ となる．

個々人の接触情報量をこのように定義することにはいくつかの問題がある．まず明らかな問題点は，人によって各接触チャネルから得る情報量は異なるということである．図 3.3 で示した各チャネルの情報量は平均的な量を示しているにすぎないから，有権者全員について同一チャネルに同一の情報量を与えるのは正確ではない．

この点と関連して，あるチャネルを「役に立った」と評価した人と評価し

---

[36] 各数値について小数第 3 位で四捨五入．以下同様．

なかった人のあいだで,接触している限り同一の情報量を与えているということは,比較的重大な問題点であるといえる。しかしながら,「役に立った」チャネルに新たなウェイトづけを適切に行うことは実際上困難である。そもそも,あるチャネルを「役に立った」とした人のなかでも「役立ったレベル」には差があり,「役に立たなかった」とした人のなかでも厳密には接触情報量に差があることは明らかである。今のところ,入手しうるデータでそこまで操作化することは不可能といってよいだろう。

他方で,本書の指標は「従来の研究と比較すれば」より精密性が高いという利点がある。先行研究で最も一般的に利用される接触情報量の定義は,各チャネルに対する接触「数」である(たとえば Flanagan, Kohei, Miyake, Richardson and Watanuki 1991; Alvarez and Brehm 1998)。この場合,上述の例である「候補者ハガキ,候補者ポスター」接触者の情報量は 2 であり,「候補者ハガキ,候補者ポスター,テレビ選挙報道,党首討論会」接触者の情報量は 4 となる(本書の定義では .27 と 1.38)。この定義では,個人間の各チャネルの情報量の違いが反映されないことはもちろんであるが,それ以前にどのチャネルの情報量も等しく 1 と捉える点で,本研究の定義より一層精密さを欠くことは明らかである。したがって,本書の指標は,上に挙げたような問題を抱えながらも,現状では妥当性が相対的には高いと考えられる。このことは,本章以降で得られる分析結果が非常に解釈しやすいものであるということからも確認できよう。

3.3.2 情報獲得の理論

上の定義にしたがって算出された総情報量の分布は図 3.4 に示されている[37]。多くの有権者は 1.0 前後の情報量を得ているが,それと比較してかなり豊富に情報を得ている少数者が存在することが見て取れるだろう(平均値 1.66)。Delli Carpini and Keeter (1996) は,情報ストック量(知識量)の分布は中程度の層が最も多い「ダイアモンド型」であることを示した(第 1 章表 1.1 参照)。彼らの研究はアメリカの有権者を対象としていることに注意

---

[37] 情報ルートごとの分布については付録 A を参照。

しなければならないが，フローとしての政治情報量の分布は相対的に右に歪んでいることがうかがえる。Delli Carpini らはさらに，市民の個人的属性によってストックとしての政治情報量に差があることを示したが，ここではフローとしての情報量の差を説明することが目標となる。

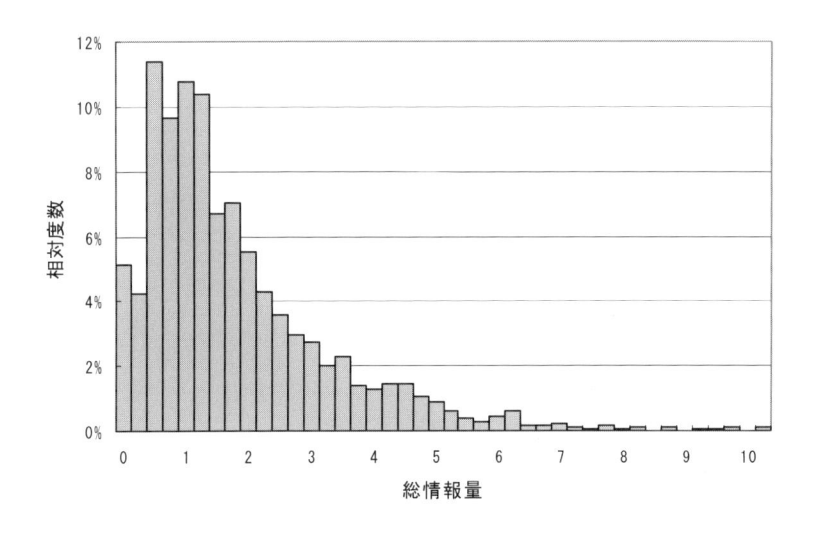

図 3.4 総情報量の分布

図 3.4 に示される情報フロー量の格差は，いかなる要因によって説明可能であろうか。Bennett (1995) によれば，ある市民が獲得する政治情報量は，その人の「能力」capacity,「機会」opportunity,「動機付け」motivation の関数である[38]。

これらのうち，どの要素がより重要となるかは接触する情報の種類による。政治的情報には大きく分けて，市民が能動的に収集しなければならないものと，受動的に与えられるものの 2 種類がある。前者の場合に特に重要となる

---

[38] Delli Carpini and Keeter (1996, 179) は，Luskin (1990) の議論を参照しながら，政治的知識量の規定要因として，やはり「能力」ability,「動機付け」motivation,「機会」opportunity を挙げている。

要素は「動機付け」であろう。すなわち、獲得に主体性が要求される情報の場合は政治関心や政党支持といった心理的関与が高い人ほど、より多く接触するだろう。また、情報の主体的獲得には一定の政治的スキルが要求されるから、教育程度のような「能力」に関係する変数も重要な意味を持つ。

Downs (1957) が論じたように、合理的市民は主体的に政治情報を集めるインセンティブを通常持っていないことを考慮すると、市民が政治的判断を行う際に、受動的に（あるいは別の目的の行動の副産物として）与えられる情報の存在は非常に重要である(Popkin 1991)。受動的に与えられる情報の場合、有権者が「情報が豊富に流通する環境にいるかどうか」が問題となるから、比較的「機会」が重要な要素となろう。たとえば各種の社会集団や後援会への加入といった、社会あるいは候補者・政党とのリンケージの強さを示す属性は、周囲から投票の働きかけを受ける「機会」を規定する重要な変数である。

以上の考察から、接触に能動性が比較的必要なチャネルの多いマスメディアルートでは「動機付け」と「能力」にかかわる属性（政治関心や教育程度）が重要であり、それに対して、直接キャンペーンルートやパーソナルルートでは「機会」にかかわる属性（すなわち加入団体の数や政党支持の強さ）が重要であると予想できる。

以下では、まず有権者の各属性と情報量の関係について検討し、ついで多変量解析を試みる。なお、ここでは情報量の絶対的な値よりはむしろ相対的な差に関心があるから、視覚的に捉えるために図で情報量の差を表現する。具体的な情報量の値は付録Aを参照されたい。

3.3.3 有権者の属性と選挙情報量

性別・年齢

まず性別と情報フロー量の関係について見よう。マスメディアルートと直接キャンペーンルートの情報量については、男性のほうが大きい。他方パーソナルルートの情報量は性別によってほとんど差がない。以上から総情報量は男性が女性を上回っているが、後に見るように、この関係は政治関心や他

の社会的属性をコントロールすると消えてしまう。

　年齢による総情報量の差異は大きい（図 3.5）。20 代から 40 代くらいまでは直線的に接触情報量が伸びるが，それ以降は緩やかに低下し，70 代以降は急激に情報量が落ちる。この形状は蒲島（1988, 121）の示した政治的関与と年齢の関係に酷似している。総情報量の違いは，マスメディアルートの情報量の差によってほぼ説明可能である。マスメディア情報は接触に比較的高い能動性を必要とするために，政治的関与のレベルと連動する形で情報量が増減するのであろう。実際，年齢についても他の変数をコントロールすると有意な効果は認められない（後述）。

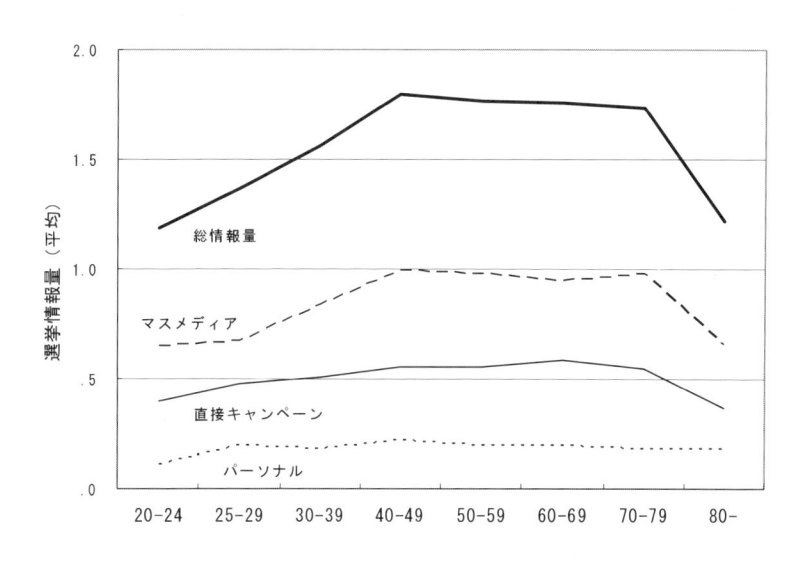

図 3.5　年齢と選挙情報量

教育・収入・職業

　教育水準と総情報量のあいだには，きれいな直線的関係がある（図 3.6）。ここでも総情報量の差の多くはマスメディアルートによるものである。

Tichenor et al. (1970) は，社会経済的地位，特に教育程度の差がマスメディア利用度の差を生む結果，市民間の「知識ギャップ」が広がっていることを示した。彼らによれば，教育はマスメディアからの情報取得に必要なコミュニケーション・スキルを高め，知識を豊富にし，社会との接触の機会を増やす。すなわち，選挙報道や政見放送を見て情報を得るためには，ある程度の予備的なスキル・政治知識・刺激が必要とされるが，それらは学校教育によって提供される部分が大きいと考えられる。教育の不平等は，そのまま（フローとしての）政治情報量の不平等につながっている。

　他方，直接キャンペーンルートとパーソナルルートは大学院卒を除いてほとんど教育程度と関連性がない。受動的に接触されるチャネルが多いからであろう。

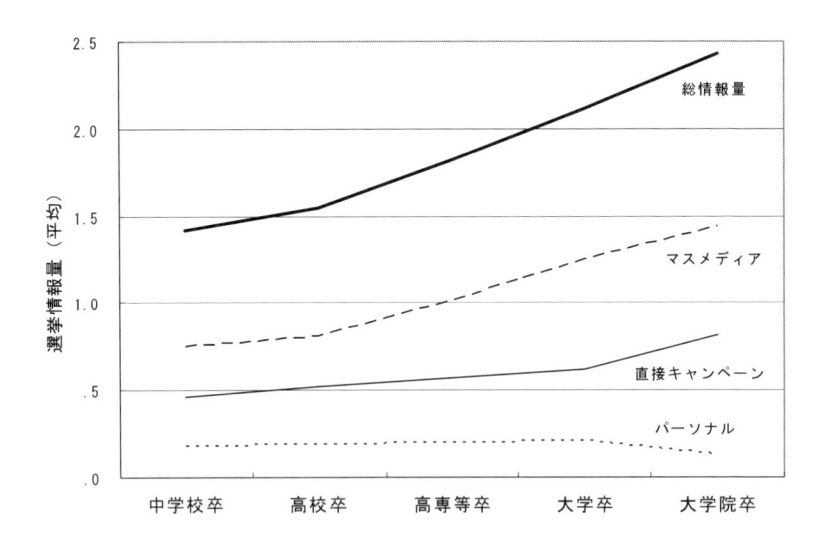

図 3.6　教育程度と選挙情報量

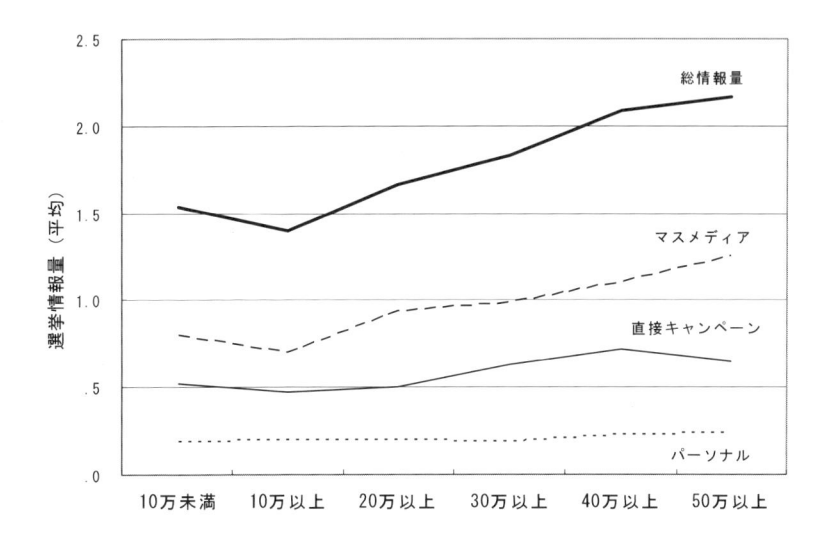

図 3.7 収入（月収）と選挙情報量

収入と情報量の関係も「月収 10 万円未満」という最低ランクを別にして，基本的に正の相関を示している（図 3.7）。収入の最も低い階層が特殊であるという傾向は，政治参加と所得の関係においても見られるものである(蒲島 1988, 101)。おそらくは職業や年齢など他の変数の影響によるものであろう。

総情報量が比較的大きい職業は，商工業者，管理職，専門職である。これもほとんどマスメディアルートの情報の多さによるものである。その他，やや特徴的なのは学生である。学生は総情報量が平均的なわりにマスメディアルートから比較的多く情報を得ており，代わりにパーソナルルートによる情報が他の職業の有権者よりも少ない。

都市規模・居住年数

都市規模と選挙情報量の関係は強いものではないが，ルートによって対照的な傾向を示していることが興味深い（図 3.8）。マスメディアルートの情報

量は基本的に都会ほど大きい。逆にパーソナルルートによる情報量は地方で比較的大きい。直感的に解釈しやすい結果だといえるだろう。2つのルートが補い合った結果，総情報量では若干都会のほうが高い傾向があるが，顕著な差はない。

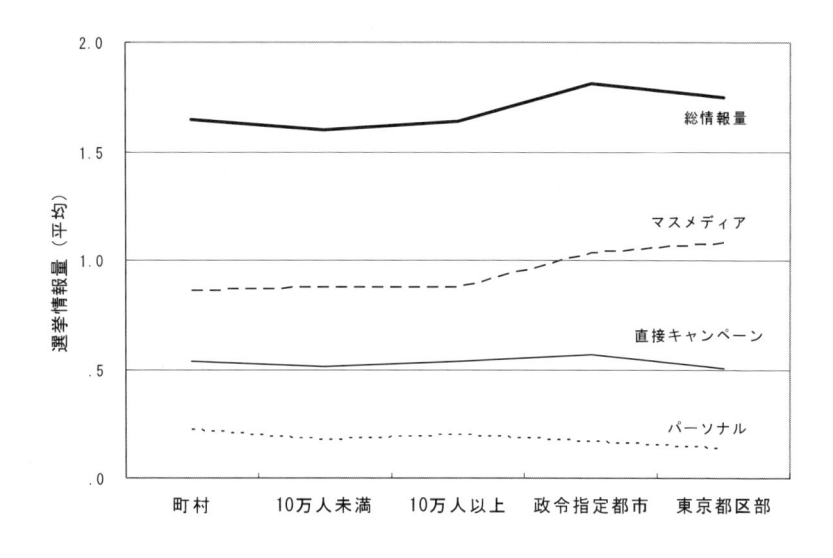

図3.8 都市規模と選挙情報量

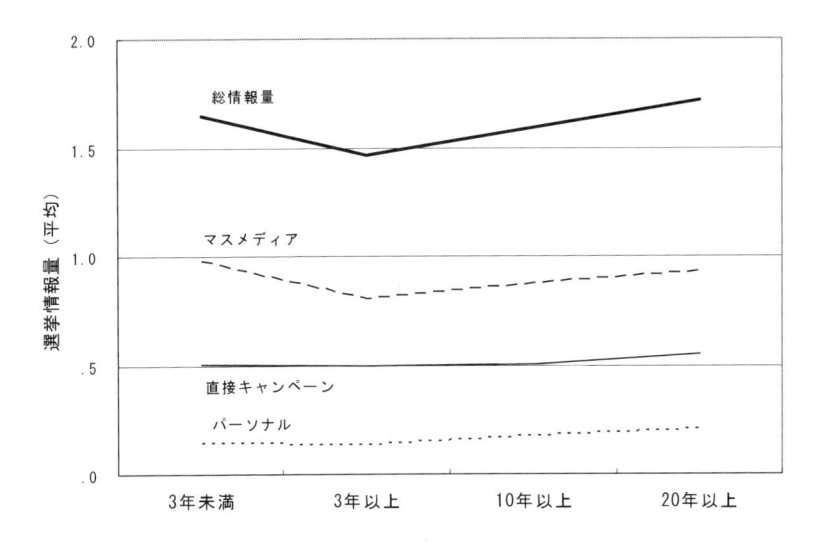

第3章 選挙過程における情報フロー構造　67

図 3.9 居住年数と選挙情報量

居住年数と情報量の関係も強くはない（図 3.9）。マスメディアルートの情報量については，おそらく都会居住者が多いということもあって「3 年未満」という最低カテゴリーが最も高い。パーソナルルートについては居住年数が上がるごとに情報量も増えている。これらの要素が合わさって，総情報量では「3 年以上（10 年未満）」という中程度のカテゴリーが最低になっている。

諸団体への加入

Neuman (1986, 128-131) によれば諸団体・集団への参加は，政治的知識の増大をもたらす。集団内においては他者から情報を与えられ，あるいは刺激を与えられることによって政治的情報への自発的接近が促される。

表 3.5 諸団体への加入と選挙情報量

	加入者	非加入者	差	加入者数
自治会	1.85	1.49	.36 ***	1070
婦人会	1.77	1.66	.12	165
青年団・消防団	1.64	1.66	-.03	40
老人クラブ（会）	1.80	1.65	.15	183
PTA	1.94	1.64	.30 *	185
農協その他の農林漁業団体	2.04	1.64	.40 **	112
労働組合	1.98	1.65	.33 *	111
商工業関係の経済団体	2.39	1.63	.76 ***	95
宗教団体	1.97	1.65	.31	63
同好会・趣味のグループ	2.12	1.58	.55 ***	351
住民運動・消費者運動・市民運動の団体	2.84	1.64	1.20 ***	36
その他	2.80	1.66	1.15 **	16

*** p<.001; ** p<.01; * p<.05. （両側検定）

　表 3.5 は，各種団体加入者と非加入者の総情報量平均とその差を示したものである。ほぼすべての団体で加入者は非加入者よりも情報量が大きいことが分かる[39]。そこで以下では「加入団体数」を指標として分析を進めたい。

---

[39] 「青年団・消防団」は例外であるが，加入者のケース数が少ないため確定的なことはいえない。

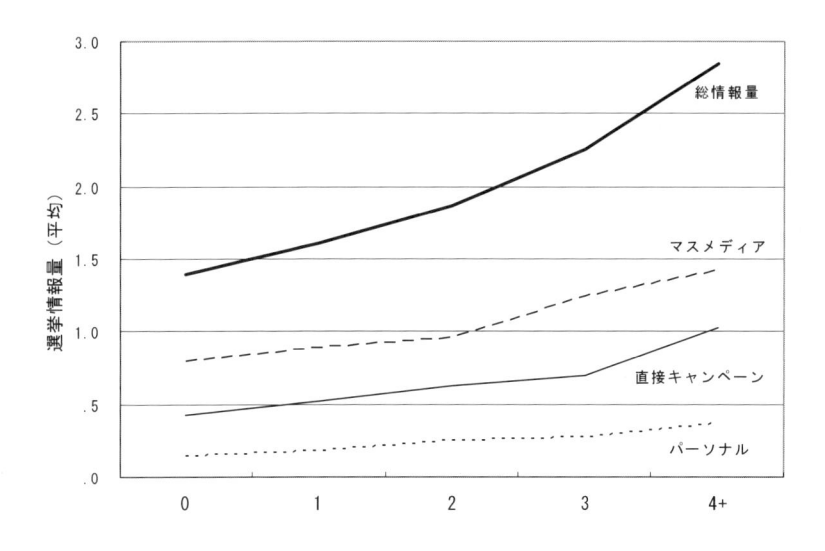

第3章 選挙過程における情報フロー構造　69

図3.10 加入団体数と選挙情報量

　加入団体数による情報量の差は大きい（図3.10）。3つのルートすべてで団体数と情報量にはっきりとした正の相関が見て取れる。特にパーソナルルートについては，その定義から考えて妥当な結果である。
　マスメディアルートについては，政治関心等を媒介変数とした擬似相関である可能性もあるが，社会ネットワークへの参加がマスメディア接触に対する刺激となる面も無視できない(Berelson 1954, 246; Tan 1980; 日本の事例について，Flanagan 1996, 284-288)。
　直接キャンペーンルートと加入団体数の関係が明らかな正相関であるという点は，解釈がやや難しい。しかし，社会的ネットワークに強く組み込まれている人は，少なくとも一部の直接キャンペーンルート帰属チャネルに接触しやすいことは明らかである。たとえば，選挙ハガキはランダムに出されるわけではなく，「後援会員・支持者がそれぞれの友人，知人にあてて」書かれるという(綿貫 1986, 145)。
　以上で扱った団体とは別に，候補者の個人後援会に加入しているかどうか

も選挙情報量を規定する重要な変数である。後援会加入者は，非加入者に比べて3ルートすべてにおいて有意に情報量を多く得ている。ここでは，マスメディアルートの情報量の差が他ルートに比べて小さいことが特徴的である。加入者は候補者と比較的よく接し，程度の差はあれ組織の内部にいるわけであるから，直接キャンペーンルートとパーソナルルートの情報に恵まれることは驚くべきことではない。逆に，これらのルートから豊富に情報を得ている有権者は，マスメディアから情報をさらに得ようとする誘因を欠くであろう。

政治関心

　図 3.11 は政治関心のレベルごとに各ルートの平均情報量を示したものである。3ルートすべてで正の相関が確認できる。しかし，ここでも総情報量に最も大きな差異をもたらしているのはマスメディアルートであることに注意する必要がある。直接キャンペーンルートについては，選挙公報や個人演説会といった，接触に比較的高い心理的関与を必要とするチャネルの影響が正相関に現れているのであろう。他方，パーソナルルートについては理論的には政治関心との関連は小さいはずである。

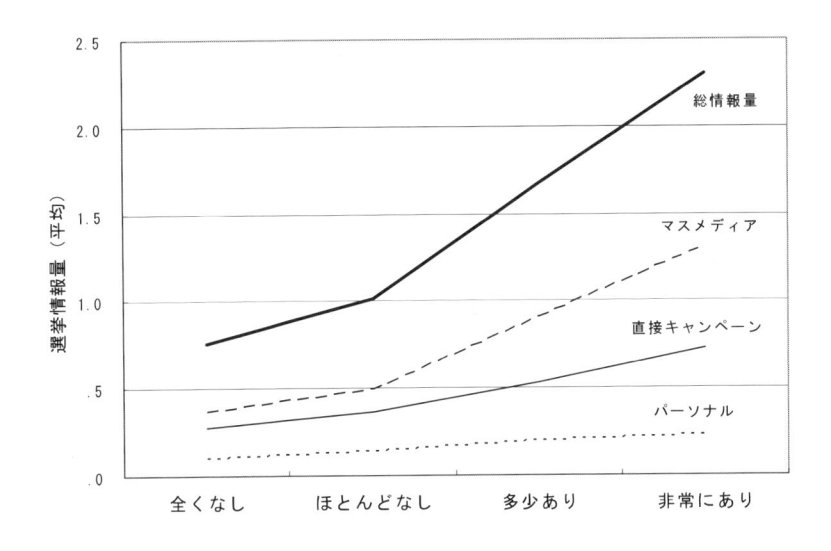

図 3.11 政治関心と選挙情報量

政治関心と情報フロー量の関係を別の角度から見てみよう。図 3.12 は, 図 3.2 で示した相関係数の値を各チャネルの接触にとって必要な能動性の指標と見なし, その指標と当該チャネルの情報量の関係をプロットしたものである。これによると, 情報量が多いチャネルは, 同時に主体的な接触が必要とされるチャネルであるという傾向が明らかである。「選挙に無関心な人にも到達するコミュニケーション・メディアは効率においても劣り, 内容も乏しいというディレンマ」(三宅 1990, 302) は確かに存在している。

また, 各チャネルは, 所属する情報ルートによって明確に特徴が分かれていることも確認される。マスメディアルートに含まれるチャネル群は一般に情報量が高く, かつ接触に必要とされる能動性も高い。パーソナルルートと直接キャンペーンルートに属するチャネル群は, 情報量は同程度に低く, 必要とされる能動性はパーソナルルートのほうが低いことが明らかである。それゆえ, パーソナルルートでは政治関心と接触情報量にあまり関係がないはずである。このようなルートごとの特性の相違が, 政治関心度と情報量の関

係の違いとして図3.11に現れている。

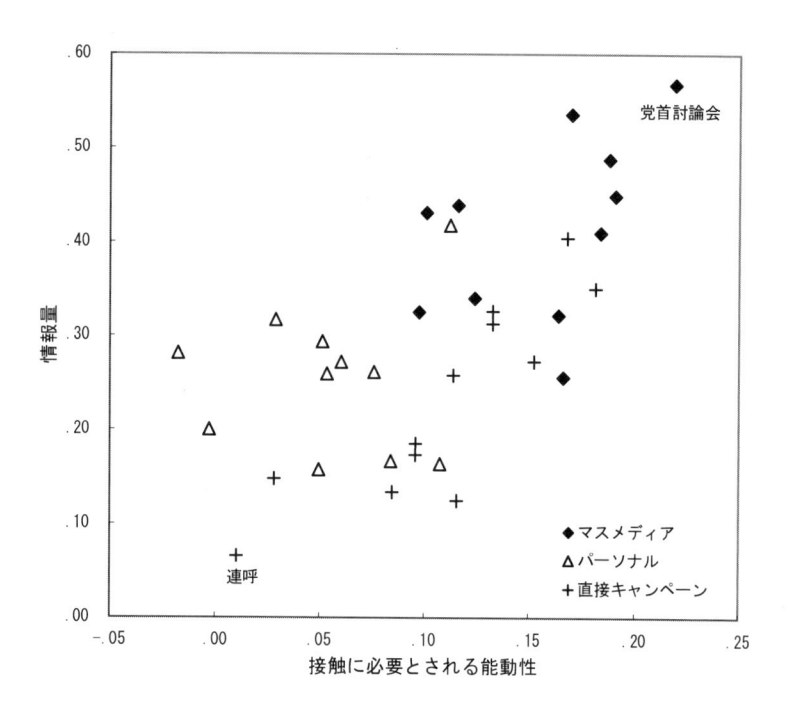

図3.12 各チャネルの情報量と接触に必要とされる能動性の関係

政党支持強度

政党支持強度に関しては，支持が強くなるほどルートを問わず情報量は多くなっている（図3.13）。これは理論的には以下のように説明可能である。マスメディアルートについては，支持の強い人ほど政見放送や党首討論会といったチャネルで支持政党の情報を主体的に収集することが想定できる。直接キャンペーンルートとパーソナルルートは受動的なチャネルが多いが，動員・勧誘する側が効率性のために，もともと支持の比較的高いと予想される

有権者に選択的に働きかけを行うことが考えられる。アメリカでは政党による選挙民へのコンタクトが選択的になされているとする研究があるが (Huckfeldt and Sprague 1992; Rosenstone and Hansen 1993)，政党のみならず周囲からの働きかけは，支持の比較的強い人に対して戦略的に行われている可能性がある。

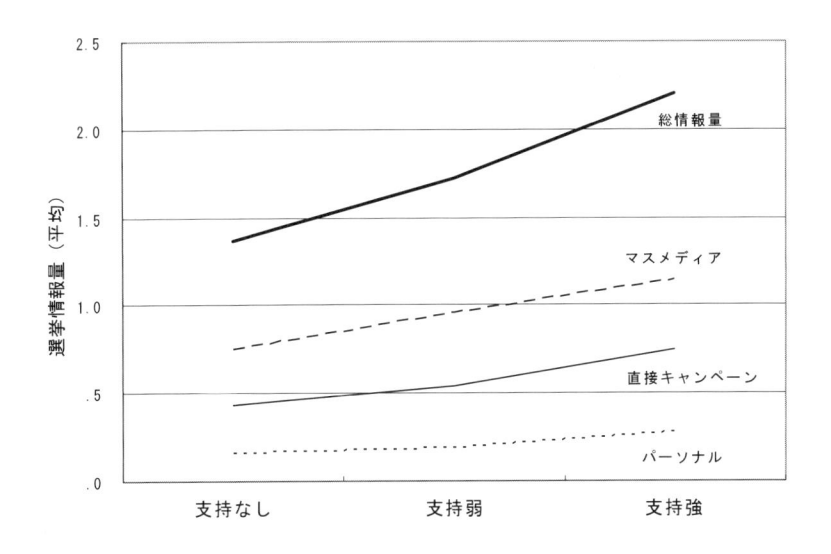

図3.13 政党支持強度と選挙情報量

ただし，政党支持の強い人は一般に政治関心が高いから，政治関心をコントロールすれば，(接触情報の内容についてはともかく) 情報量に関して支持強度が直接的な影響を与えるかどうかは自明ではない。むしろ支持が強い人ほど，投票先がすでに決まってしまっているために，選挙中に情報を新たに得ようとしないという可能性も考えられないわけではない。この点については，つぎの多変量解析で確認しよう。

3.3.4 多変量解析

　以上では主要な社会経済的属性・心理的属性と選挙情報量の関係について分析してきたが，これらの独立変数は互いに関連しているから，重回帰分析にかけてみることにしよう。ただし，これまでの分析が重要でないというわけではなく，各個人的属性による「情報格差の構図」はそれ自体重要な意味を持っている。多変量解析を行う意図は，単にその格差の直接的な要因を明確にしたいということなのである。重回帰分析の従属変数は，総情報量および3ルートの各情報量である。

表3.6 選挙情報量の規定要因

	総情報量	マスメディア	直接キャンペーン	パーソナル
性別	.026	.075	-.037	-.012
	(.117)	(.073)	(.043)	(.027)
教育程度	.137*	.098**	.031	.002
	(.054)	(.033)	(.020)	(.012)
収入	.019	.006	.015	.000
	(.041)	(.025)	(.015)	(.009)
年齢[a]				
25-29	.198	.028	.045	.118*
	(.248)	(.154)	(.092)	(.057)
30-39	.061	.056	-.022	.010
	(.230)	(.143)	(.085)	(.053)
40-49	.120	.127	-.030	.009
	(.231)	(.143)	(.085)	(.053)
50-59	.034	.103	-.056	-.021
	(.233)	(.145)	(.086)	(.053)
60-69	-.050	.003	-.039	-.024
	(.261)	(.162)	(.096)	(.060)
70-79	.042	.143	-.028	-.079
	(.322)	(.200)	(.119)	(.074)
80-	-.304	.138	-.259	-.192
	(.765)	(.475)	(.282)	(.175)

職業[b]				
農業	.028	.096	-.029	-.040
	(.247)	(.154)	(.091)	(.057)
商工業	.099	.127	-.009	-.031
	(.155)	(.097)	(.057)	(.036)
管理職	.271	.238	.049	-.001
	(.237)	(.148)	(.088)	(.054)
専門職	.117	.092	.025	-.008
	(.149)	(.093)	(.055)	(.034)
サービス	.071	.025	.057	-.022
	(.149)	(.093)	(.055)	(.034)
加入団体数	.181 ***	.071 *	.076 ***	.036 ***
	(.044)	(.028)	(.016)	(.010)
後援会加入	.542 ***	.043	.322 ***	.168 ***
	(.128)	(.080)	(.047)	(.029)
居住年数	.079	.020	.032	.022
	(.054)	(.034)	(.020)	(.012)
都市規模	.055	.044	.018	-.006
	(.040)	(.025)	(.015)	(.009)
政治関心	.459 ***	.311 ***	.110 ***	.024
	(.070)	(.043)	(.026)	(.016)
政党支持強度	.160 *	.050	.068 **	.045 **
	(.067)	(.042)	(.025)	(.015)
(定数)	-.725 *	-.525 *	-.100	-.054
	(.369)	(.230)	(.136)	(.085)
N	1049	1049	1049	1049
調整済みR^2	.140	.119	.128	.072

括弧内は標準誤差.
*** p<.001 ; ** p<.01 ; * p<.05.
a: レファレンスグループは20-24歳.
b: レファレンスグループは運輸・通信・生産工程従事者.

推定結果は表 3.6 に示されている。総情報量の規定要因から見ると，教育程度の高い人，より多くの団体に加入している人，後援会に加入している人，政治関心の高い人，政党支持の強い人ほど多くの選挙情報に接していることが分かる。このような傾向は情報ルートによらず見られるのであろうか。結論からいえば，ルートごとにそれぞれ構造は少しずつ異なっている。この点について独立変数ごとに検討しよう。

まず教育程度については，これが有意な効果を与えているのはマスメディアルートのみである。つまり，総情報量に与える教育の効果はマスメディアを通じてもたらされたものだということができる。

加入団体数は，すべてのルートを通じて有意な効果を与えている。政治関心をコントロールしても加入団体数になお強い影響が見られるということは非常に重要な知見である。パーソナルルートについては定義上，加入団体数が影響を与えることは想定できる。しかし，マスメディアルートに対する効果については解釈が難しい。加入団体数が政治関心だけでは統制できない「社会参加への積極性」を示しているか，あるいは社会ネットワークでの活動を通じて候補者・政党のマスメディア情報を取得するように何らかの「刺激」（情報の検索に必要となる手掛かり情報や心理的誘因）が与えられるのではないだろうか。直接キャンペーンルートについては，選挙ハガキなど一部のチャネルでパーソナル・ネットワークと関連があるということは前に述べたとおりである。

後援会加入は直接キャンペーンルートとパーソナルルートで有意であり，これは予想可能な結果である。マスメディアルートに関しては，他の変数をコントロールすると後援会加入と情報量に関係が認められない。

政治関心については，マスメディアルートと直接キャンペーンルートで強い影響が見られる。パーソナルルートでは有意でないが，このルートに帰属するチャネルは基本的に受動的なものであることを考えれば理論的に納得できる結果である。

政党支持強度は直接キャンペーンルートとパーソナルルートで有意な効果を持っている。支持の強い人は選挙ハガキや政党機関紙といったチャネルか

ら比較的よく情報を得ているが，その一方で，情報内容を選択することが難しいマスメディアの情報を改めて収集するインセンティブを欠くということであろう。他方，パーソナルルートで政党支持強度に有意な効果が認められることは，周囲からの「選択的働きかけ」が存在していることを示唆する。

その他の独立変数については，パーソナルルートで20歳代後半の人が比較的情報量が多いことを例外として，他の変数をコントロールすると有意な効果は認められない。

各ルートの構造の差異についてまとめよう。マスメディアルートの情報量は，教育程度と政治関心が重要な規定要因である[40]。直接キャンペーンルートでは，教育程度の効果はなく，その代わり後援会加入と政党支持強度という政治家・政党とのリンケージを示す変数，および加入団体数という社会とのリンケージを表す変数に効果が認められる。パーソナルルートの構造は直接キャンペーンルートに類似するが，政治関心が有意な効果を持っていないことが特徴的である。

また，教育程度を社会経済的地位の指標と考えれば，選挙情報量の社会的格差はマスメディアルートによって生み出されていると見ることができる。これに対して，直接キャンペーンルートやパーソナルルートでは，社会経済的地位に関係なく政治関心や政党支持強度，ネットワークへの帰属度によって情報量が規定されている。

3.4 小括

本章の目的は，現代日本の選挙過程における情報フロー構造を実証的に示すことであった。主な知見を以下にまとめよう。

---

[40] 政治的関与の比較的低い市民が政治情報に接触する機会を増大させたという意味で，コミュニケーション研究史上テレビは特別視されてきた。そこで，マスメディアルート帰属チャネルをテレビ関係とそれ以外に分けて，表3.6 同様分析してみたが，各独立変数の有意性など結果はほとんどまったく変わりなかった。すなわち，マスメディアはテレビであれ何であれ，政治的関与の比較的高い市民が主体的に政治情報を取得する情報源であるということになる。

1. 候補者・政党と有権者のあいだの情報ルートは，マスメディア，直接キャンペーン，パーソナルの3種類に大別できる。各ルートに接触したかどうかを基準に構造を分析すると，前二者の接触率は7割以上と高くパーソナルルートは4割程度と比較的低い。
2. 「情報量」指標から各ルートの相対的重要度を分析すると，全情報量に占めるマスメディアルートの割合は54.5%，直接キャンペーンルートは32.1%，パーソナルルートは11.4%となる。候補者情報については直接キャンペーンルートがマスメディアルートと同等以上の情報提供を果たしていると推定される。
3. 政治的関与のレベルによって，各情報ルートに対する依存度は異なっている。関与のレベルが高いほど，一般にマスメディアルートに対する依存度が大きく，逆に関与のレベルが低いほどパーソナルルートと直接キャンペーンルートの役割が大きい。
4. 選挙情報は有権者間で偏在している。一般にマスメディアルートは，他よりも偏在の格差が大きく，情報量自体も相対的に大きいために総情報量の格差の大きな部分を占めている。
5. 有権者の基本的なデモグラフィック属性と選挙情報量には関連性が見られる。総情報量の多い有権者のプロフィールは，男性，中高年層，教育程度の高い人，所得の高い人，商工業者，管理職，専門職，加入団体数の多い人，後援会加入者である。心理的属性については，政治関心の高い人，強い政党支持を持つ人ほど総情報量が多い。
6. 多変量解析の結果，他の変数をコントロールしてもなお有意な効果を総情報量に与えていたのは，教育程度，加入団体数，後援会加入，政治関心，政党支持強度で，これらはすべて正の方向に影響を与えている。
7. 各ルートの情報量を規定する構造はそれぞれ異なっている。マスメディアルートでは「教育程度, 加入団体数, 政治関心」が，直接キャンペーンルートでは「加入団体数, 後援会加入, 政治関心, 政党支持強度」が，パーソナルルートでは「加入団体数, 後援会加入, 政党支持強度」がそれぞれ有意な正の効果を与えている。

第3章　選挙過程における情報フロー構造　79

　本章の課題のひとつは，有権者が「どこからどのくらいの選挙情報を得ているか」を明らかにすることであった。本章の分析結果は，アメリカにおける政治情報フローモデルを日本の選挙過程にそのまま適用することが妥当でないということを示している。

　Lazarsfeld らのコミュニケーションの二段階の流れモデルは，マスメディアの流した情報をまずオピニオン・リーダーが受け，その後フォロアーがパーソナル・ネットワークを通じて情報を得るというものであった(Lazarsfeld, Berelson and Gaudet 1944; Katz and Lazarsfeld 1955)。彼らの研究の後，マスメディア，特にテレビの発達という状況を受けて「一段階の流れ」モデルが提示された(Deutschmann and Danielson 1960; Greenberg 1964)。本章の分析結果は，一段階モデルを否定するわけではない。2000 年選挙でも 7 割以上の人がメディアから選挙情報を得ており，パーソナル・ネットワークを通じて情報を得た人は 4 割にとどまっていた。

　しかしながら，より多くの人に接触された情報ルートは直接キャンペーンルートであった。情報量の観点から見ても，無視できない量の情報が候補者・政党から直接有権者に届けられていたのである。すなわち，日本の選挙過程においては，政治的情報媒介者を経由しない「0 段階」あるいは「無段階」の情報フローが（他のルートと比較して）相当量存在する。

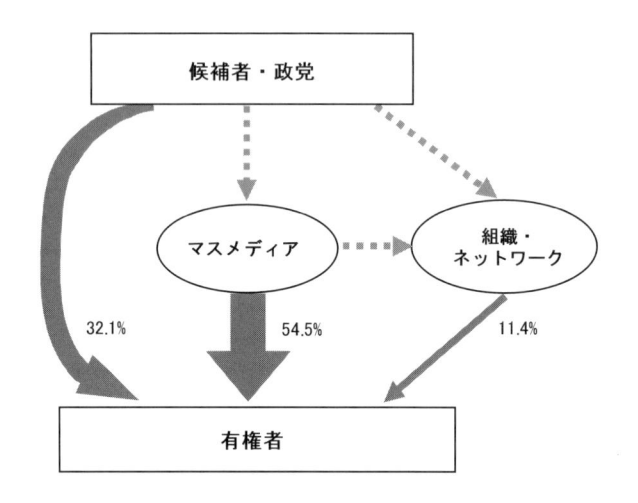

```
                    ┌──────────────┐
                    │ 候補者・政党 │
                    └──────────────┘
                    ↙      ┊      ╲
                   ↙       ┊       ╲
                  ↙   ┌─────────┐  ┌──────────┐
                 ↙    │マスメディア│┈▶│ 組織・   │
                ↙     └─────────┘  │ネットワーク│
               ↙           │        └──────────┘
           32.1%        54.5%         11.4%
              ↓            ↓            ↓
                    ┌──────────────┐
                    │    有権者    │
                    └──────────────┘
```

3ルートに分類していない情報量が2.0%分ある（表3.3参照）．

図 3.14 推定された選挙情報フロー構造

　図 3.14 は，日本の選挙過程全体の，あるいは平均的な有権者についての推定された選挙情報フロー構造である（表 3.3 参照）。図から分かるように，エリートの直接的な選挙運動による情報供給量は全体の 3 割強を占める。さらに，直接キャンペーンルートの重要性は政治的関与の低い有権者にとっては一層大きいものとなる。すなわち，選挙情報認知の面でマスメディアが役割を「独占」（三宅 1989, 222）しているとの認識は端的に誤りであり，エリートによる直接的な選挙運動の役割が見直される必要がある。このことは，地方議会選挙のようにマスメディア情報が総選挙より一層乏しいと考えられる選挙の場合になおさら重要な問題となる。

　直接キャンペーンルートが従来考えられてきたよりも情報ルートとして重要であるということは，単に選挙過程のコミュニケーションモデルを精緻化したにとどまらない意義を持っている。近年の投票行動研究は各有権者の情報環境が彼らの政治的判断を左右すると主張している(飽戸 2000b; Beck, Dalton, Greene and Huckfeldt 2002)。この議論が正しいとすれば，今後，

日本人の投票行動について考える際，マスメディアと社会ネットワークのみならず，エリートによる直接的な選挙運動によって伝達される情報の効果にも留意されるべきであろう。ただし，本研究では情報「量」について扱ってきたけれども，各情報源の質的な差異について検証することは今後の課題である。各ルートを流通する情報内容の差異やバイアスがいかなるものであるのか，また質の異なる各情報源の利用が市民の政治的判断にいかなる影響を与えているのかという点について，さらなる研究が求められる。

　本章のもうひとつの課題は，「どのような有権者がより選挙情報を得ているのか」について明らかにすることであった。本章の分析結果はまず，各有権者が獲得する選挙情報量に明確な差があることを示している。先行研究によれば，政治的情報量を多く持つ市民ほど政治に参加し (Downs 1957; Palfrey and Poole 1987)，より自己の選好に近い選択肢を採る確率が高いとされる (Smith 1989, 6; Delli Carpini and Keeter 1996, ch.6; Althaus 1998)。そうであるならば，選挙情報の接触量に格差が存在するという分析結果は，規範的に重要な知見である。

　本章の分析結果によれば，相対的に政治関心の高い市民，教育程度の高い市民が，選挙期間中に総量として政治情報を多く得ている。先行研究が明らかにしているように，政治関心と教育程度は政治的知識量を規定する属性でもあった(Delli Carpini and Keeter 1996; 稲葉 1998)。以上のことは，政治情報のフロー的側面とストック的側面の格差構造がほぼ同一のものであるということを意味している。すなわち，市民間の情報格差は，選挙過程を通じて累積的様相を呈している。

　さらに，社会経済的地位（教育程度）による市民間の情報格差は，マスメディアルートを通じて生じているものであるということも明らかとなった。あらかじめ政治的知識を持つ者が，選挙時にマスメディアを利用することを通じて，より政治情報を吸収するという構造になっているのである。これは，「マスメディアから社会に注入される情報量が増大すると社会経済的地位による知識格差が拡大する」という Tichenor et al. (1970) の「知識ギャップ仮説」とも整合する(Price and Zaller 1993 も参照)。

　また，教育程度の効果は直接的にはマスメディアルートのみを通じてもた

らされるにしても，学校教育が政治関心等の向上にも寄与するのであれば，間接的には他のルートにも影響は及んでいる。この点について，Neuman (1986, 6, 128-131) の政治的知識の「螺旋理論」は示唆的である。教育水準の高い人は，政治情報をより豊富に吸収し，関心を高めることによって，もともと高い政治的洗練度をさらに高めていく。本章の分析結果は，この見方を支持するものである。

ただし，Neuman (1986, 131) は学校教育以外にも政治的洗練度を高める「別の道」があり，そのひとつが社会集団への参加であるという。本章の分析結果によれば，この見解もまた肯定される。どの情報ルートにおいても，加入団体数が情報接触量に与える効果は明確に存在した。すなわち，個人の帰属する組織，団体，ネットワークは，直接的に情報を参加者に与えるだけではなく，参加者に刺激や手掛かり情報を与えることでマスメディア等を通じた主体的な情報取得をも促進していると見られる。情報格差の是正という面から見て，社会的ネットワークの役割はきわめて重要だというべきだろう[41]。

最後に，情報格差是正という観点からすると，直接キャンペーン，すなわち（有権者側の属性ではなく）エリート側の活動が重要な意味を持っているという点を指摘しておきたい。候補者名の連呼や選挙ポスターといったソースから情報を得るのに有権者はそれほど能動性を必要とせず，そのため政治的関与の低い人ほどエリートの直接的な選挙運動に政治情報を依存する傾向にある（表 3.4）。したがって，候補者による直接キャンペーンの活発化は，低知識層の取得する政治情報の増加に貢献すると見ることができる。

本章では伝統的な情報チャネルを念頭において議論を進めてきた。では近年の情報技術の進展による新たなチャネルの登場は，政治情報フロー構造をどのように変えうるであろうか。次章では選挙過程におけるインターネット普及の意義について検討しよう。

---

[41] 第5章で見るように，選挙情報に対する接触は有権者の投票参加を促す。Verba et al. (1978) は政治参加の格差是正における集団の役割を強調しているが，少なくとも部分的には，集団の「情報提供機能」が参加格差の是正に寄与していると解釈できよう。

補論　トービットモデルによる推定

表 3.6 の選挙情報量モデルにおいて，本論では線形回帰モデルを適用したが，従属変数である「選挙情報量」が 0 であるケースが（特にパーソナルルートについて）比較的多いことを考慮すると，トービットモデルを適用するほうが適当かもしれない。トービットモデルは以下のように定式化される[42]。

$$y_i^* = \mathbf{x}_i' \beta + u_i, \ u_i \sim i.i.d. \ N(0, \sigma^2), \ i = 1, 2, \cdots, n,$$

$$y_i = \begin{cases} y_i^* & \text{if} \quad y_i^* > 0, \\ 0 & \text{if} \quad y_i^* \leq 0, \end{cases}$$

ただし，y_i は選挙情報量，y_i^* は潜在的な選挙情報取得レベル，$\mathbf{x}_i$ は説明変数，β はパラメータ，u_i は誤差項を表す。パラメータは最尤法により推定される。

推定結果は表 3.7 のとおりであるが，線形回帰モデルの場合と本質的な違いはなく，したがって本論の主要な主張はいずれにしろ維持される。ただし，従属変数の値が 0 であるケースの多いパーソナルルートにおいては，やはり若干の違いが現れている。興味深いのは，パーソナルルートにおいて「居住年数」と「政治関心」が有意な効果を与えているということである。同じ場所により長く居住しているほど地元の社会ネットワークから情報を吸収しているという結果は，直感的に納得できる。

また政治関心がパーソナルルートにおいても有意であるということは，関心の高い人ほど，家族間で政治に関して話をする傾向があることを反映するものではないかと思われる。「家族の話し合い」は，パーソナルルート帰属チャネル中，最も政治関心との相関が高いチャネルである（図 3.2）。また同チャネルは，情報量という点から見てもパーソナルルートのなかで最大であり（図 3.3），有権者の情報源として重要な役割を果たしていることが分かる。

---

[42] トービットモデルについては，Tobin (1958), Amemiya (1984), Long (1997) 等を参照。

表 3.7 選挙情報量の規定要因 (トービットモデル)

	総情報量	マスメディア	直接キャンペーン	パーソナル
性別	.015 (.120)	.137 (.095)	.001 (.054)	.013 (.032)
教育程度	.142 ** (.055)	.123 ** (.043)	.046 (.025)	.015 (.015)
収入	.015 (.042)	-.011 (.033)	.005 (.019)	-.005 (.011)
年齢[a]				
25-29	.210 (.256)	.020 (.212)	.051 (.121)	.078 (.072)
30-39	.057 (.237)	.172 (.194)	.053 (.111)	.034 (.066)
40-49	.122 (.238)	.281 (.195)	.071 (.111)	.050 (.066)
50-59	.019 (.240)	.251 (.196)	.037 (.112)	.013 (.067)
60-69	-.054 (.269)	.143 (.218)	.043 (.125)	-.009 (.074)
70-79	.058 (.331)	.301 (.263)	.073 (.150)	-.029 (.089)
80-	-.274 (.782)	.188 (.622)	-.267 (.360)	-.207 (.213)

職業[b]				
農業	.016 (.254)	.209 (.198)	.057 (.113)	.018 (.067)
商工業	.110 (.160)	.197 (.126)	.046 (.072)	.007 (.043)
管理職	.269 (.244)	.331 (.190)	.120 (.107)	.049 (.064)
専門職	.130 (.153)	.183 (.122)	.089 (.069)	.030 (.041)
サービス	.064 (.154)	.022 (.123)	.068 (.070)	-.022 (.042)
加入団体数	.191 *** (.046)	.072 * (.036)	.074 *** (.020)	.035 ** (.012)
後援会加入	.548 *** (.131)	.026 (.103)	.329 *** (.058)	.173 *** (.035)
居住年数	.085 (.055)	.033 (.044)	.045 (.025)	.030 * (.015)
都市規模	.051 (.042)	.056 (.033)	.025 (.019)	.001 (.011)
政治関心	.490 *** (.072)	.454 *** (.058)	.197 *** (.033)	.074 *** (.020)
政党支持強度	.175 * (.069)	.071 (.054)	.078 * (.030)	.057 ** (.018)
(定数)	-1.212 *** (.358)	-1.728 *** (.293)	-.826 *** (.167)	-.393 *** (.099)
N	1049	1049	1049	1049
loglikelihood	-1845.7	-1408.8	-916.5	-486.6

括弧内は標準誤差.
*** $p<.001$; ** $p<.01$; * $p<.05$.
a: レファレンスグループは20−24歳.
b: レファレンスグループは運輸・通信・生産工程従事者.

第 4 章
選挙過程におけるインターネット普及の意義

　メディアの技術的発達はコミュニケーション構造を質的に変容させる一要因である。その典型は 20 世紀における「放送型」マスコミュニケーションの普及であり，特にテレビの登場は市民と政治エリートとのコミュニケーション関係をそれまでと劇的に変えることになった(Bimber 2003)。

　このような観点から注目すべきは，近年の高度情報化が選挙過程のコミュニケーションに与えるインパクトである。「情報化」ないし「高度情報化」の意味するところは論者によって幅があるが，重要な要素は，情報ソースの多チャネル化であり，個人による情報収集コストの劇的な低下であると考えられる(Chaffee and Metzger 2001)。すなわち今日，選挙過程においてあらゆるアクターがあらゆる情報を発信し，かつ受信することが技術的に可能となりつつある。これは従来型のマスコミュニケーション構造では想定されなかった新しい事態であり，それゆえに情報化のインパクトを検討することが求められている。

　そこで本章では，インターネット普及が選挙過程のコミュニケーション構造に与える影響について考察する。具体的には，選挙期における有権者のインターネット上での情報取得行動を分析することを通して，ネット上においてどのような種類の政治情報がどのような有権者に流れているのか明らかにする。高度情報化の技術的側面は電子化の発達であるが[43]，とりわけ典型的

---

[43] 富永 (1996, 434) によれば「情報社会とはコンピューターと通信ネットワークとがつながれた情報インフラストラクチュアの普及が高度にすすんだ社会」と定義される。ここでは「新聞やテレビなどのマスコミがどんなにたくさんの情報を提供してくれても，そのことをもって情報社会とはしない」(富永 1996, 441)。

なのは 1990 年代末以降の急激なインターネット利用の拡大であろう。それゆえ今後の情報フロー構造の行方を考えるうえで，インターネット普及の意義について探ることが目下のところ重要な課題となるのである[44]。

本章の構成を示そう。第1節では先行文献を概観し，インターネット上の選挙情報フロー構造について分析するという本章の目的が，コミュニケーションモデル研究に対して貢献するのみならず，「インターネットと政治」に関して従来議論されてきた諸論点から見ても重要な課題であることが示される。第2節ではインターネット上において政治的情報を取得しやすいと考えられる者の属性，および接触されやすいと考えられる情報内容を理論的に示し，4つの仮説を導出する。第3節では，インターネットユーザーに対する調査データを利用して仮説群の検証を行う。第4節において，結論と含意を述べる。

4.1 インターネットと政治をめぐる論点

先行研究は，インターネットをエリートと市民それぞれにとっての新しいリソースであると捉え，その普及がもたらす効果について問題としてきた。ここでは，インターネット利用の拡大がエリート間競争や市民間の政治的平等性に対して与えるインパクトを考えるうえで，インターネット上の選挙情報フロー構造について検討することが重要であることを論じる。

4.1.1 エリートの新しいリソースとしてのインターネット

インターネットの普及はエリート間のリソースバランスをどのように変えるであろうか。先行研究ではこの点，平等化仮説 equalization hypothesis

---

[44] 一通信規格にすぎないインターネット自体は将来的に利用されなくなる可能性もあるが，「多チャネル化」や「情報コストの低下」といった趨勢そのものは普遍的な流れであり，インターネットがこれらの特性を典型的に備えたツールであることは確かであろう。インターネット普及の意義を考えることは，すなわち政治社会の情報化について考えることに本質的にはむすびついているのである。このあたりの議論については，Bimber (2000) を参照。

と通常化仮説 normalization hypothesis とが対置されている(Margolis, Resnick and Wolfe 1999)。平等化仮説によれば,低コストで市民に情報を提供できるインターネットの普及が政治勢力間のリソースバランスの格差を縮小するとされる。これに対し,通常化仮説によれば,インターネットの世界においても結局のところ既存の大勢力がうまく対応し,したがってリソースの格差が縮まることはないとされる。

従来の研究では多くの場合,この問題に対して「エリートの情報技術への対応度」という観点から答えようとしてきた。Davis (1999) は,(印象論的な議論ながら)伝統的なドミナントプレーヤーがネット空間にも適応し,支配しつつあると主張している。Margolis et al. (1999) は,アメリカとイギリスの各政党について,ホームページを開設しているか,のみならずその機能まで計量的に分析した結果として,小政党よりも大政党のウェブサイトのほうが洗練されていると主張した。これに対して Norris and Sanders (2001), Norris (2003) は同様の分析をより多くの国に適用し,小政党も大政党に劣らず情報技術に対応しているとの結論を導いている。

この論争については,ホームページの設置・更新コストの低さから考えて,少なくとも長期的には Norris らの議論に分があるように思える。ホームページの開設率という点では日本の国会議員においてもすでに9割に達している[45]。「洗練度」に関しても,たとえ現段階において格差があるとしても,小勢力が大勢力と同等のホームページを作成することは時間の問題であろう[46]。日本の事例では,むしろ比較的マイナーな政党と候補者がウェブサイト作成に力を入れていると報告されている(Tkach-Kawasaki 2003)。以上の意味で,インターネットはエリート競争のリソースとして比較的に「平等」であると考えてよい。

しかしながら,ここでの平等は「機会の平等」を意味しているにすぎない

---

[45] 『朝日新聞』2003年8月27日付。データは衆院議員に対する調査による。
[46] Norris 論文の利用したデータが 2000 年, Margolis 論文の利用したデータが 1998 年のものであることに注意されたい。さらに, Margolis らによる追跡調査の結果, 2000 年11月の時点でアメリカの政党ウェブサイトの洗練度の格差は縮小していることが判明している(Gibson, Margolis, Resnick and Ward 2003)。

ことに注意しなければならない。マスメディアと違ってインターネットでは誰でも情報発信可能であり実際に発信されているわけであるが[47]，これが「結果の平等」（小勢力の支持拡大）までもたらすかどうかは，当然ながらユーザー側の反応を見なければ分からない。

したがって，今後はインターネットの「動員効果」の評価と，それに先立つ有権者の情報接触行動の分析が求められることになる。動員効果が現れるためにはまず利用者が情報に触れる必要があるから，とりわけ後者の問題について検討することは重要である。また仮にインターネットの直接的な動員効果が弱いものでしかないとしても，情報提供の機能が大きいのであれば小勢力にとっては重要なリソースと見なすことができる。すなわち，マイナー勢力でもインターネット上では他のメディア以上に情報が接触されているのであれば，リソース格差を縮小する効果はあると考えられよう。

さらにインターネットの場合，情報発信が誰でも可能であるとしても，（それゆえに）ユーザーの情報接触行動を分析することは他のメディアの場合より一層重要である。視聴者の情報選択可能性がより限定されている新聞やテレビと比較すれば，インターネット上でエリートが情報発信したとしても実際に市民に伝達できる保証がまったくないことは明らかであろう[48]。以上の議論から，エリートの新しいリソースとしてインターネットを捉えるうえで，ユーザーがどのような情報に接触しているのかについて知ることが肝要であることが分かる。

---

[47] しかしながら，実はインターネットを利用した情報提供方法のうち，実質的に「機会の平等」が担保されているのはほとんどウェブサイトの開設に限られることはもう少し注目されるべきだろう。たとえば他サイトにバナー広告を貼るには，当然のことながら費用がかかる。また多くのユーザーが接触する大手ポータルサイトなどで掲示される政治ニュースも，比較的大きな勢力の情報に限定される。以上は，インターネットが「(情報提供) 機会の平等」を保障するという議論が少なくとも誇張されたものであることを示唆している。

[48] Chaffee and Metzger (2001) は，多チャネル化時代において，メディアが流す情報の内容分析からユーザーの利用分析への転換が求められていると主張している。

4.1.2 市民の新しいリソースとしてのインターネット

インターネット普及は市民間の政治的平等性の向上に寄与するであろうか。すなわちたとえば、インターネットの利用によって、低関心層がより政治に参加するようになったり、低教育層がより多くの情報を考慮して投票したりするようになるといったことは考えられるであろうか。ここでは長期的効果と短期的効果に分けて、インターネットの市民に対する潜在的影響力について考察する。

インターネット利用の長期的効果

インターネット利用は、長期的には市民の心理的関与を高め、政治行動を活発化させる可能性がある。しかしこうした心理的効果について、先行文献のほとんどが効果の存在について否定的ないし懐疑的な結論を導いている。たとえばScheufele and Nisbet (2002) は、インターネット利用が政治的有効感や政治知識量を増加させる効果はほとんどなく、この点では新聞の役割が重要であることを示している。DiMaggio et al. (2001, 320) も「教育程度と政治関心をコントロールすれば、インターネット利用が政治的知識に効果を与えているという証拠はほとんどない」と結論付けている。

ソーシャルキャピタル論の文脈でインターネットが心理的関与に与える効果を検証する研究においても、積極的にインターネットにプラスの効果を認める研究は少ないといってよい。インターネット普及はソーシャルキャピタルにとって、むしろ「負」の効果をもたらすと結論付ける研究も多い(Kraut, Lundmark, Patterson, Kiesler, Mukopadhyay and Scherlis 1998; Nie and Erbring 2000; Harwood and Lay 2001)。あるいは正の効果があるとしても、それには一定の随伴条件（利用目的など）が必要だとする研究が多い(Shah, Kwak and Holbert 2001b; Shah, McLeod and Yood 2001a; Kraut, Kiesler, Boneva, Cummings, Helgeson and Crawford 2002; Hirano 2002)。ソーシャルキャピタル論を提起したPutnam (2000, 221) 自身も「予測にはまだ早すぎる」と留保を付けつつ、インターネット依存者が比較的に社会参加を行わない傾向があることを指摘している。

以上のように，先行研究は「インターネットは利用者の心理的関与を高める」という議論に対して多くの場合否定的である[49]。そもそもインターネットは普及し始めて間がないために，長期的な心理効果の研究は時期尚早であるのかもしれない。いずれにせよ，本書ではデータの制約上，インターネットの長期的効果の検証については断念せざるを得ない。

インターネット利用の短期的効果

他方，インターネットによる情報コストの低下が，有権者の短期的に利用可能な政治情報を増加させていることは確実である。図 4.1 は，2001 年において参院選候補者のホームページアクセス数が平均的にどのように推移したかを示している[50]。これによれば，「平常時」[51]を 1 として，選挙時（7 月 29 日実施）には平均的に約 10 倍のアクセスがあったことが明らかとなる[52]。興味深いのは，アクセスの伸びは選挙の 2 ヶ月ほど前から徐々に見られ，直前期に急激に伸び，選挙後にはまた急速に平常値に収縮しているという事実である[53]。多くの有権者は政治情報を「必要時」にのみ収集する。インターネ

---

[49] 例外として Lupia and Philpot (2002) は，被験者にいくつかの政治情報サイトを見せるという実験を行い，情報が豊かだと評価できるサイトを見た被験者は，世代を問わず政治関心を高めることを確認した。ただし，インターネットではユーザー側が主体的に接触対象を選択する局面が多いと考えられるから，「被験者にサイトを見せる」という実験の外的妥当性には疑問も残る。

[50] 「国会議員ホームページアクセスランキング」
(http://www.aa.alphanet.ne.jp/ranking/acs/) 配布のデータを利用。当サイトでは (2005 年 5 月現在)，2000 年 8 月 3 日から 2002 年 10 月 7 日まで，ほぼ 1 週間ごとに，衆参議員（候補者）ホームページのアクセス数を記録したデータを公開している（アクセスカウンターのあるサイトのみ対象）。図 4.1 の分析対象者は，そのうち参院の 2001 年選挙における改選議員（候補者）59 人。週間アクセス数がマイナスであるなど，明らかにデータの誤りと認められるものについては除いている。

[51] データ上の最終週である 12 月 19 日–25 日分を「平常時」の基準点とした。年始の週を基準としなかったのは，データに欠損が多かったためである。

[52] 2001 年参院選の時点で，選挙期間中の候補者サイト開設は公職選挙法違反の疑義がある。しかし実際には多くのサイトが選挙期間中にも開かれたままであり(2000 年総選挙の状況について，岡本 2001)，図 4.1 に見られるように平常時以上の有権者がこれを閲覧していたという事実がある。

[53] D'Alessio (1997) も，アメリカ大統領選のあった 1996 年において，政治情報サイ

ットは，一般的な政治的知識を高める効果までは今のところ認められていないとしても，一時的な選挙情報フローの拡大には実際に貢献しているのである[54]。

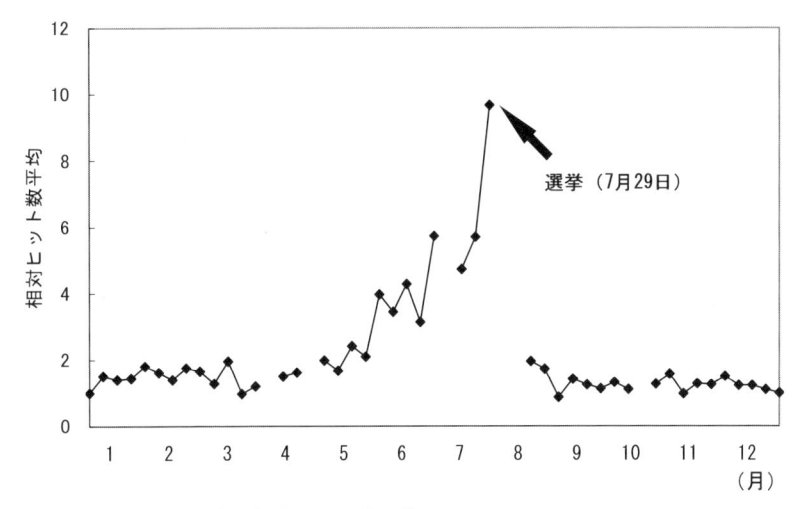

図4.1 2001年における参院議員（候補）サイトの相対ヒット数の推移

出典：国会議員ホームページアクセスランキング．
ほぼ1週間ごとにプロット．2週間分間隔が開く場合は最初の週を欠損とし，次の週のアクセス数を1/2に補正（3週間分の間隔がある場合は1/3）．

トのヒット数が選挙日が近づくにつれて増加し，選挙後に急速に収束していることを示している。

[54] もちろん「ウェブサイトを見る」ことと「情報を得る」ことは同じではないが，Bimber and Davis (2003, 131) は実験によって，候補者サイトを見た被験者が当該選挙についての情報量を高めることを確認している（Norris 2003 も同様の知見；反証例として，Johnson 1999）。さらに，ウェブサイトを見ることで実際に政治情報が得られているとしても，インターネット利用が他の情報収集手段の単なる代替であるならば，必ずしも情報量の「増加」をもたらすわけではない。しかしながら，第一に，少なくとも候補者ホームページに掲示されている情報を他の手段で得ることは相対的にコストが大きく，第二に，インターネット利用と他メディアの利用はトレードオフの関係ではなく，むしろネット上で政治情報を得る人はネット外でも比較的多くの情報を得ているという傾向がある（第3節で詳述）。以上から，やはりインターネット利用は情報量の「増加」にむすびついていると考えるのが適当である。

ではどのような人がよりインターネットを通じて選挙情報を得ているのであろうか。先行研究はこの点，デジタルデバイド，すなわち「有権者全体のうち」どのような人がインターネットを利用しているかを問題とすることがほとんどであって(たとえば，Norris and Sanders 2001; 石生 2003)，「ネット利用者のうち」どのような有権者がより選挙情報に接触するのかという点について検討した例は見当たらない。仮にネット普及者のなかで選挙情報に対する接触が同程度に行われているのであれば，今後インターネットの利用がさらに拡大するにしたがって，市民間の情報格差は縮小する可能性がある。逆に普及者のなかでも情報接触度に差があるのであれば，デジタルデバイドが解消しても，なお市民間の政治情報量格差は拡大していく可能性が高い[55]。

4.1.3 要約と課題

「インターネット普及はエリート間のリソース格差を縮小するか」，「インターネット普及は市民間の政治的平等性の向上に寄与するか」という2つの問題が「インターネットと政治」に関する論点として重要であるが，先行研究はこれらの課題について十分に答えてはいない。

2つの課題に対して答えるためには，インターネット上で「選挙時にどのような有権者がどのような情報を収集しているか」を明らかにする必要がある。インターネットによる情報提供はそれ自体エリートにとってのリソースであり，動員効果の前提でもある。それゆえ，ネット上で誰の発信する情報がより接触されているのかについて知ることが重要な課題となる。また市民にとってインターネットは短期的に利用可能な政治情報を低コストで提供するという機能を果たしているため，選挙情報の収集にインターネットをよく利用する有権者の属性について明らかにする必要がある。

以上の議論から，インターネット上の選挙情報フロー構造について知るこ

---

[55] もちろん，現在インターネットを利用していない人が利用を始めた際に，現在すでに使っている人と同じ行動をとる保証はない。しかしそれでも，ネットユーザーの行動を分析することは今後の動向に対する一定の示唆を得るという点から意味があり，かつ重要である。

とは，それ自体重要であるだけではなく，「インターネットと政治」に関する伝統的な論点から見ても有意義であることが示された。そこで次節では，インターネットを通じて政治情報に接触する傾向にある者の属性，および接触されやすいと考えられる情報内容について理論的に検討しよう。

4.2 インターネット上の情報流通構造に関する理論的考察

4.2.1 情報接触者の属性

インターネットを通して政治的情報に比較的よく接触する者の属性はいかなるものと考えられるであろうか。「社会経済的地位」，「心理的属性」，および「ネット以外を通じて取得する政治情報量」に分けて検討しよう。前節で述べたように，ここで問題にしているのは「インターネットユーザー内格差」である。

まず，インターネット情報接触者の社会経済的属性について検討しよう。インターネットのメディアとしての特性から考えれば，社会経済的地位によってネット情報取得行動に差が出るということは，直接的な因果関係としては考えにくい。インターネットを使った情報収集は非常にコストが低いから，リソース（特に時間）に乏しい有権者であっても，比較的容易に必要な情報を手に入れることができる。政治関心などを経由した「間接効果」はあるかもしれないが[56]，ネット普及者のあいだでは，少なくとも社会経済的地位が情報取得行動に与える「直接効果」はないと考えられる。

ネット情報利用者の心理的属性については，先行研究では他のコミュニケーション・メディアと比較される形で議論されることが多い。そこでの典型的な見解は「インターネットで政治情報に接触するのは比較的高い政治的関与を持つ人々である」というものである。たとえば，Bimber らは以下のように主張する。

---

[56] 社会経済的地位の高い人ほど関心が高く，関心の高い人ほどネット上で政治情報を収集する，という効果。

ウェブサイトを見るということは，キャンペーン広告を見ることとも違えば，テレビのニュース番組を見ることとも違う。なぜなら，いかなる特定のウェブサイトの閲覧者もそこに含まれている情報に接触しようとする意図的な選択を行わなければならないからである。…伝統的メディアの視聴者はそれに比べて非意図的な接触を行いやすく，潜在的な影響を受けやすい。(Bimber and Davis 2003, 146)

こうした見方は「インターネット上の政治情報は，利用者によって意識的に収集されるものである」という信念にもとづいているが，実際には，インターネット上には意図せず偶然的に接触される情報もある。「インターネット情報」には多様なチャネルが含まれているのである。

ここでは後の分析に関係するチャネルとして，「候補者・政党のウェブサイト」「候補者・政党のネット広告」「ポータルサイト上の政治情報」「(候補者・政党関係者以外の第三者が運営する) 選挙関連サイト」の4種類について検討しよう。候補者・政党サイトは，接触に比較的高い能動性を要請するチャネルの典型である。これらのサイトには，偶然的に接触する場合がないとはいえないが，多くの場合ユーザー自らが URL を指定するか，意識的にリンクをたどって接触しなければならない。ネット広告は，「広告」であるから基本的にユーザー側に主体性は要求されないはずである。ポータルサイトについては，意識的に政治情報を求めてアクセスする場合と，偶然的に政治ニュースに接触する場合の両方が考えられる。後者の場合では政治情報の接触に主体性が必要とされない。選挙関連サイトは，候補者・政党サイト同様，偶然的に接触することは考えにくいから，関心の高い人が能動的に接触するチャネルだと見てよいだろう。

最後に，インターネット「外」政治情報量とネット情報接触の関係について検討しよう。インターネットで意識的に情報を得るためには，事前に何らかの関連知識を持っていなければならない。関連知識が豊富な人は検索の手掛かりとなる情報が多いうえに，当該トピックに対する関心も高い。したがって一般的には，ネット外政治情報に多く接触している人ほどインターネッ

ト上で情報収集を行う傾向があると考えられる。

4.2.2 情報選択のメカニズムと接触される情報内容の限定

つぎに，インターネットを通して取得される情報の内容について検討しよう。ここでも偶然的に接触される情報と意図的に取得される情報に分けて考えるのが有益である。

偶然的に接触される情報とは，利用者に特定の政治情報を得ようという意図がないのに，日常的にアクセスするサイトに掲示されているために「副産物的に」(Popkin 1991, ch.2) 接触してしまう情報を指す。定義上，ここで閲覧対象となるサイトは非政治的なものであることが多いと考えられるが，典型的には習慣的なアクセスを多く集める大手ポータルサイトやマスメディアのサイトを挙げることができる。これらのサイトに掲示される政治ニュースの類は，テレビや新聞が報道するニュース同様，通常は比較的メジャーな政治勢力についての情報に限定される[57]。したがって，副産物的に吸収する政治情報は一般的に，インターネット外でも比較的情報が豊富に存在する，ある程度有力な勢力のものであることが明らかである。ネット広告もまた，偶然的に接触されるインターネット情報である。広告においては，資力のある比較的有力な勢力が情報提供力の面で優位に立つことに議論の余地はないだろう。

つづいて，ユーザーが意図的に取得する政治情報について検討しよう。インターネット上ではほとんど無限ともいえる情報が容易に手に入れられることを考えれば，むしろ収集する情報内容に強い選択性が現れると考えざるを得ない。ではインターネット上ではどのような情報が主体的に選択されるのであろうか。人々の情報選択行動が単一のメカニズムで説明できるものでないことは既存研究から明らかである。ここでは手元のデータから検証可能な仮説として，「好意的情報選択説」「合理的情報選択説」「手掛かり情報説」を挙げる。

---

[57] ポータルサイトでは，基本的に大手のマスメディアや通信社の配信するニュースを掲示しているという事実がある。

好意的情報選択説は，いわゆる「情報の選択的接触」selective exposure に関する議論である。人々が自分の好む情報内容に偏って接触しているという現象は，メカニズムは必ずしも明らかではないものの，Lazarsfeld et al. (1944) を始めとして繰り返し確認されてきた(Sears 1967; Ottati 1990, 189；インターネットについては，Bimber and Davis 2003,110)。政治情報に関していえば，有権者はたとえば非支持政党よりは支持政党の情報のほうに接触しがちであると見ることができる。

　合理的情報選択説は，人々は自己の選好に沿った政治行動をとるために役立つ（と期待される）情報を好んで取得するであろうというもので，合理的選択論に由来する仮説である。インターネットは低コストの情報取得を可能にするとはいえ，時間というリソースは万人にとって有限である。人々は限られた時間的制約のなかで，より有用だと事前に想定される情報を収集しようとする(Lau 1995 による実証)。Downs (1957) によれば，ある情報を得るために投資すべきかどうかは，その情報が「有権者の決定を変えるであろう可能性」に依存する（邦訳 222 頁）。選挙過程においては，たとえば泡沫候補の情報より当選可能性が比較的高いと考えられる候補の情報のほうが有用であろう。もちろん人は情報収集自体を目的として，投票決定にとって直接的に有用とはいえない情報を集めることもある(Fiorina 1990)。とはいえ政治情報を集めること自体に喜びを覚える人は，一般にそれほど多くはないと考えられる。

　手掛かり情報説は，人々はネット外でキューとなる周辺的情報を得ているほど，それに関する情報をインターネット上で収集するという認知心理学的な仮説である。インターネット上で意識的に情報を集める場合には，検索に何らかの事前知識が必要となる。さらに，キューとなる情報は検索に必要である以前に，情報取得行動の動機形成に影響する点で決定的な意味を持つ[58]。日常的によく情報に触れている対象についての記憶は顕出性が強い。逆に，

---

[58] 2000 年のアメリカ大統領選において，民主党のゴア候補はマスメディアを通じてホームページの URL を宣伝することにより，関心の高い市民をインターネットに向かわせることに成功した(Bimber 2003, ch.4)。ネット外の手掛かり情報がネット情報接触を刺激した典型的な事例であろう。

日常的に情報の少ない対象について思い出すことは少ないのである(Zaller 1992; Lau 1995)。実際,候補者ホームページについて,その候補者がもともと認知されていない場合に比較的接触率が低いことが明らかにされている(Bimber and Davis 2003)。

以上3つのメカニズムは互いに相容れないものではないし,そもそも情報選択のメカニズムを明らかにすること自体はここでの目的ではない。焦点は「いかなる情報内容が選択されるか」である。

インターネットでは,参入コストの低さから,マスメディアでは扱われないような小勢力の情報も存在している。インターネット上において,もしネット外で稀少な情報にアクセスがより多く集まるのであれば,あるいは少なくとも情報の送り手に関係なくアクセスが集まるのであれば,インターネットは周辺的勢力にとってリソース格差是正の重要なツールとなるであろう。しかし,3つの仮説から示唆されることは,周辺的勢力にインターネット上で(ネット外以上に)注目が集まることは通常は考えられないということである。小規模の政治勢力は,定義上,好意を持つ人が少なく,当選可能性という点から情報有用性も低く,ネット情報検索のきっかけとなる手掛かり情報も乏しい。

逆に,3つのメカニズムから共通して支持される命題は,「インターネットはネット外で比較的有力な勢力に一層有利な方向に作用する蓋然性が高い」というものである。インターネット上でパフォーマンスを上げるためには,まずインターネット外で有名でなければならないという逆説がここには存在している。

4.2.3 仮説

ここまでの議論から導き出される仮説は以下のものである。まず社会経済的地位とネット情報取得の関係については,インターネット利用者のなかでは属性の「直接効果」はないであろうと予測した。すなわち,

仮説4-1 インターネットによる選挙情報取得は,普及者のなかでは社会経済

的地位のレベルと関係がない。

心理的属性に関しては,一般に関心の高い人ほどインターネット上で政治情報に接触すると考えられる。ただし,求められる能動性の程度についてはチャネルの種類や情報内容によって違いがある。ネット広告やポータルサイト上で掲示される頻度の高い情報は,偶然的に接触される場合が多いだろう。したがって,

仮説 4-2 インターネットによる選挙情報取得には利用者の主体性が必要となる。ただし,ネット広告やメジャーな勢力の一般的情報は比較的偶然的に接触される。

さらに,インターネット外で選挙情報を多く得ている人ほど,それを検索に利用したり,あるいは関心を持つことで主体的にネット情報を収集することができるであろうから,

仮説 4-3 ネット外で選挙情報により多く触れている人ほどインターネットによる情報収集を行う。

最後に,インターネット情報にはその内容によって接触されやすいものと接触されにくいものとがある。情報選択のメカニズムとしては「好意的情報選択説」「合理的情報選択説」「手掛かり情報説」が考えられることから,

仮説 4-4 インターネット上で利用者は,支持政党の情報,選挙で比較的有力と見る政党の情報,およびネット外情報が比較的豊富な政党の情報に対して主体的に接触する傾向がある。

次節では以上の仮説の検証を試みる。各仮説が支持されたかどうかについては,一連の分析の後,まとめて評価することにしたい。

4.3 インターネット上における情報接触行動分析

本節では，前節に掲げられた仮説を検証するために実証分析を行う。利用するデータは，2000年総選挙後に実施された「インターネットと生活意識に関する調査」[59]である。このデータの特徴はサンプリングの特殊性と質問項目の細かさにある。サンプルは東京在住のインターネットユーザー631人であり，分析結果を有権者全体に一般化することには注意を要する[60]。しかしながら，全員がユーザーであるということはデジタルデバイドの影響を考慮しなくてよいという利点がある。当データの分析結果は，インターネットが有権者により普及した後にどのようなインパクトを持つのかという点について示唆を与えるであろう。当データのもうひとつの利点は，インターネット情報についての質問が多様に用意されていることである。とりわけ，情報チャネルを「政党ホームページ」「政党のネット広告」などに分類して質問していることが有益である。有権者の接触の仕方という面での各チャネルの独自性が確認されるであろう。分析の焦点は，「どのような有権者が，どのような送り手の情報を，どのようなチャネルから得ているか」である。

なお，ほとんどの分析において，対象とするチャネルは自民党情報と民主党情報のものに限られる。これはデータの制約によるものであるが，政党ホームページ接触に関しては他党のデータもあるので，必要に応じてこれも利用する。

---

[59] この調査は2000年6月に「社会とインターネット研究会」(川上和久明治学院大学法学部教授・平野浩同助教授(当時))によって行われたものである(調査実施主体は中央調査社)。データの利用に際しては，とりわけ平野氏に多大な協力を受けた。記して謝したい。

[60] サンプリングは以下のような手順で行われた。まず2000年6月中旬にメールアドレスのデータベースを利用して，東京23区に在住の20歳以上の男女22000名に対して調査への参加を依頼するメールを送付した。1日で応募者が1000名を超えたため，その時点で応募を打ち切り，そこから700名を抽出した。抽出にあたって，男女比はデータベースへの登録者の比率と同じ男性2対女性1とし，年齢構成は応募者のものをそのまま反映させるようにした。この700名のサンプルに対して調査票を郵送した結果，631名からの有効回答を得た(7月5日投函分まで有効)。

4.3.1 有権者の社会経済的地位と各チャネルに対する接触

　自民党，民主党の「ホームページ」「ネット広告」「(ネット上の) 一般的情報」，および (候補者・政党以外の) 第三者による「選挙関連サイト」[61]の各チャネルについて，社会経済的地位と接触率の関係を見てみよう。表 4.1 によると，教育程度と情報接触率の関係は，チャネルの種類によって異なったものであることが分かる。ホームページ，ネット広告に関しては自民党，民主党ともに比較的教育程度の「低い」層ほど接触している。それに対して，一般的情報と選挙関連サイトは高教育層ほど接触している。収入のレベルと情報接触率の関係についてもチャネルごとに違いがある。ホームページ，一般的情報，選挙関連サイトは所得の高い層ほど接触しているが，ネット広告については自民党では収入が低い層ほど接触し，民主党では収入と接触率に線形の関係が見られない。以上から，少なくとも「インターネット情報」というひと括りで有権者の情報取得行動を捉えることが危険であることが分かる。

---

[61] 質問文上の表現では，「政党・政治家以外の組織・人物による『落選運動』や選挙予測・投票推進運動 (『選挙でGO』『落選運動』『I-vote』など)」となっている。

表 4.1 社会経済的地位とインターネット系各チャネルの接触率(%)

	教育程度		収入		
	低	高	低	中	高
自民党					
ホームページ	21.3	15.9	17.6	18.6	26.1
ネット広告	20.2	13.2	18.2	14.4	10.9
一般的情報	19.4	21.8	21.4	22.0	26.1
N	258	372	187	236	46
民主党					
ホームページ	26.4	23.4	24.1	27.5	32.6
ネット広告	29.8	26.9	29.4	28.4	32.6
一般的情報	24.0	24.2	25.1	27.1	28.3
N	258	372	187	236	46
選挙関連サイト	12.8	17.5	8.7	20.7	26.1
N	250	365	183	192	46

教育程度は,「大学・大学院卒」を「高」, それ以下を「低」とした. 収入は,「900万円以上」を「高」,「400万円以上900万円未満」を「中」,「400万円未満」を「低」とした.

　他のコミュニケーション・メディアと比較した場合はどうであろうか. 表4.2は, 各チャネル(自民党に関する情報について[62])に対する接触の有無と, 教育程度・収入との相関係数を示したものである. 係数がプラスで値が大きいほど, 社会経済的地位による情報格差を拡大させているチャネルであることを意味する. 逆に, 相関係数がマイナスの値であれば情報格差是正に寄与していることを示す.
　まず政党が発信する広告以外の情報について見よう. ホームページに関しては, 収入との相関は有意ではないが, 教育程度との相関が有意に負である. 他のチャネルで有意に負であるのは, ビラ・機関紙号外だけである (ただしこのチャネルは収入との相関が有意に「正」である). 他方, 政見放送に対す

---

[62] 民主党に関する情報についてもほぼ同様の結果が得られる.

る接触は社会経済的地位と比較的強い正の相関を示している。その他のチャネルは社会経済的地位と接触にほとんど関係がない。インターネット系チャネルである政党ホームページが，（他のメディアと比較して）低い社会経済的地位にある人々の情報源として重要な役割を担っていることが示唆される。

政党の広告については，この傾向がより一層明確に見られる。有意に負の相関を示すチャネルはネット広告だけであり，逆に新聞広告は収入と比較的強い正の相関がある。一般的情報については，ネット情報は社会経済的地位と有意な相関がない。他方，新聞や雑誌では正の相関が認められる。

以上の結果を総合すると，インターネットを利用した情報チャネルは，社会経済的地位による情報格差を少なくとも広げることはないし，部分的には格差是正の効果を持つのではないかと考えられる。ただし繰り返しになるが，当データのサンプルはインターネットユーザーに限定されたものである。インターネットによる格差是正効果は，あるとしてもデジタルデバイドが解消した後にはじめて現れるものであることを改めて強調しておきたい。

表 4.2 各チャネルに対する接触と社会経済的地位との相関

	相関係数	
	教育程度	収入
政党の出す情報（広告以外）		
ホームページ	-.07 +	.06
ビラ・機関紙号外	-.11 **	.08 +
ポスター	.04	.05
街頭演説	-.03	-.04
政見放送	.06	.15 **
選挙公報	.02	.02
政党の出す情報（広告）		
ネット広告	-.09 *	-.08 +
テレビ広告	-.03	.02
新聞広告	.05	.13 **
雑誌広告	-.03	.03
ラジオ広告	-.04	.04
一般的情報		
ネット情報	.03	.04
テレビ情報	.01	.02
新聞情報	.14 **	.16 ***
雑誌情報	.07 +	.09 *
ラジオ情報	-.03	.05
口コミ	.03	.06

*** p<.001；** p<.01；* p<.05；+ p<.10.
下線はインターネット系のチャネル．
各チャネルはすべて自民党情報に関するもの．
「教育程度」，「収入」のコーディングについては付録C参照．

4.3.2 有権者の心理的属性と各チャネルに対する接触

有権者の心理的関与とインターネット情報接触

　インターネット系の各チャネルについて，心理的関与と情報接触の関係を分析する。利用するデータセットには「政治関心度」のような一般的な心理的関与を表す変数が含まれていないため，ここでは「インターネット情報に

対する関心度」（以下「情報関心度」と呼ぶ）を利用する。データセットには情報関心度を表す質問項目が2つあり，それぞれ「インターネット上で候補者や政党の発した情報」に対する関心と「インターネット上で（特定の政党や候補者ではない）第三者的な機関や団体が発した情報」に対する関心に対応する[63]。前者は「政党ホームページ」と「ネット広告」に関する分析に，後者は「一般的情報」と「選挙関連サイト」に関する分析に適合的だと考えられるので，そのように対応させて各チャネル接触と情報関心度の相関係数を求めた（表4.3）[64]。

表4.3 インターネット系各チャネルに対する接触と情報関心度との相関

	ホームページ		ネット広告		一般的情報		
	自民党	民主党	自民党	民主党	自民党	民主党	選挙関連サイト
情報関心度との相関	.11	.17	(.04)	.14	.13	.20	.12
N	627	627	627	627	626	626	612

括弧つきは5%水準で有意でない．
「ホームページ」「ネット広告」で使われている情報関心度と「一般的情報」「選挙関連サイト」で用いられているものは異なる（本文参照）．

　まず比較可能なホームページとネット広告について見ると，自民党，民主党いずれについてもホームページ接触のほうがネット広告接触より情報関心との相関が高い。すなわち相対的に，ホームページは関心の高い人ほど接触するが，ネット広告は関心にかかわりなく接触される。広告よりもホームページのほうが，より意識的に見られていることを示しており，妥当な結果である。
　一般的情報（特に民主党情報）と選挙関連サイトを比較すると，相関係数は前者が若干高い。一般的情報の内容としてはポータルサイト上の政治ニュースの類を想定しており，こうした情報は偶然的に接触される場合も多いと

---

[63] 両「情報関心度」の相関係数は .65 であり，関連性は強い。それぞれの質問文は付録B参照。
[64] したがって，表4.3中の左2種類のチャネル（ホームページ，ネット広告）と右2種類（一般的情報，選挙関連サイト）のあいだで相関係数を直接的に比較することは困難である。

予想していたので、この結果は意外であった。ただしここで注目すべきことは、自民党の一般的情報が民主党よりも相関係数が低く、したがって非意図的に接触されているという事実である。この結果は、ポータルサイトやマスメディアのサイトなどで自民党情報のほうが民主党情報よりも広く流通しており、その結果（ユーザーの意図によらず）幅広い層に接触されたものと解釈することができる。

政党・候補者ホームページに対する有権者の接触行動

　政党・候補者ホームページに対する接触行動の分析が重要なのは、このチャネルがエリートの利用可能なリソースのなかで、潜在的に最も「機会の平等性」が高いものであるからである。ホームページは、インターネット以外のコミュニケーション・メディア（とりわけテレビ、新聞といったマスメディア）と比較してはもちろんのこと、インターネット系の他チャネルと比べても、「誰でも情報発信可能である」という点で格差のないリソースである。たとえば、ネット広告では資金力の多寡が情報提供力に差を生むし、マスメディアサイトやポータルサイトで扱われる政治情報も一般にメジャーな勢力のものに限定されるだろう。もし有権者が情報の送り手の種類に関係なく（あるいはネット外で稀少な情報を求めて）ホームページを閲覧しているのであれば、マイナー勢力にとってインターネットは資源格差を是正するための有力なツールとなるかもしれない。

　ところが皮肉なことに、ウェブサイトに対する参入の容易さは、それゆえに過剰に存在する情報の絞込みを招かざるを得ない。表4.4は各政党のホームページに対して各党支持者のどれほどの割合が接触したのかについて見たものである。これによると、一般に支持政党のサイトは比較的高い割合で閲覧されていることが明らかである（表中下線部）。民主党、自由党、公明党支持者は自党サイトを最もよく見ているし、自民党、共産党でも自党サイトは第2位の接触率である。政党ホームページに対する支持者の選択的接触は確実に存在するといってよいだろう。この選択的接触が支持政党の手掛かり情報の多さによるものか、自分の好む情報を得ようとする性向によるものか、

メカニズムはここでは明らかではないが，いずれにしても非支持政党の情報を新たに収集する契機が有権者に比較的乏しいことは確かである．

表 4.4 各政党ホームページに対する接触率(%) （支持政党別）

	支持政党					
	自民	民主	自由	公明	共産	支持なし
自民党HP	<u>17.5</u>	14.2	28.6	19.0	14.6	8.1
民主党HP	*23.3*	<u>*31.3*</u>	25.0	33.3	*18.8*	*13.2*
自由党HP	8.8	7.1	<u>*31.4*</u>	15.0	4.3	6.7
公明党HP	5.0	3.6	7.4	<u>*50.0*</u>	2.1	6.0
共産党HP	4.0	4.1	5.9	15.0	<u>*16.7*</u>	4.5
N	105	201	72	22	49	140

各政党支持者には「比較的好ましい政党」として当該政党を挙げた人も含めている．
下線は支持政党HPの閲覧率．
太字斜体は各党支持者の最高閲覧率．
接触率算出の際，各HP接触に対して回答のないものはNから除いている．

しかし他方で，支持政党によらず自民党と民主党のサイトが高い接触率を示していることも興味深い事実である．この結果は，先に挙げた情報選択メカニズムのうち，手掛かり情報説か合理的情報選択説が（好意的情報選択説とともに）妥当であることを示唆している．すなわち，自民・民主の二大政党はキューとなるネット外情報が比較的豊富に存在し，あるいは候補者の当選可能性も比較的高いために情報接触をより多く受けていると解釈できる．いずれにしても小規模勢力がアクセスを伸ばす余地は少ない[65]．

---

[65] ここでありえる反論は，「自民党と民主党は小選挙区で候補者数が多いから，それに伴って他党支持者による政党ホームページのアクセスも多いのは当然である」というものである．しかし，全選挙区で候補者を立てた共産党のホームページは他党支持者からの閲覧が少ないという結果になっていることから，候補者数だけに注目する議論が妥当でないことは明らかである．すなわち，もともとインターネット外で情報量の多い二大政党が，候補者数に見合う以上にインターネット上でも高い情報接触を受けている．自民党・民主党は支持者が多いだけではなく，他党支持者からもよく情報が集められているのである．

表 4.5 選挙期における候補者サイトアクセス数の伸び率

	相対得票率						全体	
	高		中		低			
自民党候補	1.88	(16)	2.17	(7)		(0)	1.97	(23)
民主党候補	1.86	(4)	2.34	(8)	2.02	(7)	2.12	(19)
その他		(1)	1.35	(6)	1.59	(14)	1.52	(21)
全候補	1.86	(21)	2.00	(21)	1.73	(21)		

データソース：国会議員ホームページアクセスランキング．
数値は「7月アクセス週平均／6月アクセス週平均」．
括弧内はケース数．
相対得票率は高い順に21人ずつレベル分けした．

　実は「二大政党」への情報接触の集中という現象は，政党ホームページのみならず，候補者ホームページのレベルにおいても生じているという証拠がある．表 4.5 は，2001 年参院選（7 月 29 日実施）における候補者サイトアクセス数の，同年 6 月から 7 月にかけての「伸び率」を所属政党ごとに示したものである．相対得票率のレベルで分けているのは，候補者自体の強さをある程度コントロールするためである．ここではヒット数の絶対数ではなく伸び率を見ているから，選挙期における情報接触の集中化という動的プロセスがより直接的に見て取れる．これによると，自民党，民主党，その他の候補のいずれも選挙期には普段よりホームページのアクセスを伸ばしている（全体的傾向については図 4.1 を参照）．しかし，「全体」の欄から分かるように，自民党，民主党候補が平均的に約 2 倍の伸び率を示しているのに対し，その他の候補では 1.5 倍でしかない．この傾向は相対得票率のレベルにかかわりないものであり，二大政党候補（42 人）とその他の候補（21 人）の伸び率のあいだには 5％水準で統計的に有意な差がある．他方で，相対得票率のレベルと伸び率のあいだには明らかな関係は見られない．この事実は選挙での客観的な強さよりも二大政党のラベルこそが情報接触を促す要素として重要であることを示唆している．すなわち，投票行動以前に情報取得の段階で，すでに「二大政党化」は起きている．

4.3.3 インターネット「外」情報量と各チャネルに対する接触

　有権者がインターネットを使って情報を収集するためには，その手掛かりとなる情報（キュー）が必要になる。それゆえ，インターネット外で自民党情報を多く得ている人ほど自民党のネット情報に接し，インターネット外で民主党情報を多く得ている人ほど民主党のネット情報に接する可能性が高いだろう。

　表 4.6 の分析はこの仮説を支持している。当該政党の情報にネット以外で多く接している人ほど，チャネルの種類を問わずインターネット情報にもよく接している。この関係は情報関心度をコントロールしても残るから，単に「関心の高い人がネット外情報とネット情報の両方に主体的に接触する」という擬似相関を反映しているわけではない。また後の多変量解析で見るように，当該政党のものでないネット外情報を多く得ていても，ネット情報接触率が高くなるということはない。すなわち，特定のネット外情報がキューとなることによって，特定のネット情報接触を刺激するのである。

　選挙関連サイトについては自民党と民主党のネット外情報量を合成した変数を「ネット外総情報量」の指標として，そのレベルとネット情報接触率の関係を見た。その結果ここでもネット外情報量が多いほど接触率が高くなるという関係が見られることから，一般に政治情報を豊富に持っている人ほどネット上でも政治情報を得ているということが分かる。

表 4.6 インターネット外情報量とネット系各チャネルの接触率(%)

自民党	ネット外自民情報量		
	低	中	高
ホームページ	4.5	15.3	62.4
ネット広告	6.6	12.9	50.5
一般的情報	9.9	18.3	57.0
N	243	295	93

民主党	ネット外民主情報量		
	低	中	高
ホームページ	11.4	24.0	72.5
ネット広告	19.1	24.7	70.0
一般的情報	14.0	22.2	65.0
N	272	279	80

	ネット外総情報量		
	低	中	高
選挙関連サイト	12.0	16.9	22.5
N	258	278	80

ネット外自民情報量は,接触チャネル数0〜4を「低」,5〜9を「中」,10〜14を「高」とした(民主情報量も同様).ネット外総情報量は,接触チャネル数0〜9を「低」,10〜19を「中」,20〜28を「高」とした.対象となったネット外情報チャネルの種類は表4.2に挙げられている.

4.3.4 インターネット情報接触の規定要因

ここまで分析してきたインターネット情報接触と社会経済的地位,情報関心度,党派性,ネット外情報量の関係は,他の変数をコントロールしても見られるであろうか.表4.7は各チャネルに対する接触を従属変数としたロジットモデルの推定結果である.独立変数には上に挙げたもの以外に,コントロール変数として「性別」「年齢」「ネット利用時間」「ネット信頼度」を加えた.

表 4.7 インターネット情報接触の規定要因（ロジットモデル）

	ホームページ		ネット広告		一般的情報		選挙関連サイト
	自民	民主	自民	民主	自民	民主	
情報関心[a]	.287 *	.276 **	.078	.184 *	.186	.367 **	.143
	(.117)	(.102)	(.113)	(.091)	(.120)	(.121)	(.129)
ネット利用時間	.050	.058	.079	.078	.100 *	.056	.123 *
	(.050)	(.044)	(.051)	(.041)	(.046)	(.043)	(.048)
ネット信頼	.014	.212	.042	-.084	-.018	.073	.222
	(.168)	(.151)	(.170)	(.136)	(.152)	(.146)	(.162)
性別	.235	.082	.206	.286	.614	.078	.535
	(.362)	(.318)	(.358)	(.287)	(.341)	(.309)	(.400)
年齢[b]							
30代	-.124	.058	.042	.070	.269	.432	.407
	(.361)	(.313)	(.356)	(.281)	(.329)	(.308)	(.375)
40代以上	-.561	-.121	-.348	-.135	.223	.104	.395
	(.460)	(.396)	(.466)	(.361)	(.406)	(.390)	(.454)
教育程度	-.650 *	-.296	-.615 *	-.172	.053	-.106	-.067
	(.301)	(.264)	(.304)	(.240)	(.275)	(.261)	(.292)
収入	.041	.007	-.162 *	-.088	-.079	-.068	.118
	(.069)	(.059)	(.076)	(.055)	(.061)	(.058)	(.061)
当該政党支持	-.048	.468 *	.216	.319	-.432 *	.268	
	(.204)	(.186)	(.199)	(.175)	(.213)	(.186)	
ネット外情報量							
自民情報	.334 ***	.072	.392 ***	.007	.272 ***	.085	
	(.089)	(.086)	(.090)	(.085)	(.080)	(.082)	
民主情報	.046	.262 **	-.068	.237 **	.042	.220 **	
	(.084)	(.085)	(.083)	(.084)	(.076)	(.081)	
自民+民主							.039 *
							(.019)
(定数)	-5.320 ***	-5.331 ***	-4.108 ***	-3.169 ***	-5.001 ***	-5.068 ***	-5.683 ***
	(.911)	(.822)	(.870)	(.687)	(.878)	(.858)	(.955)
N	459	459	459	459	458	458	454
log lokelihood	-164.515	-207.592	-156.832	-239.469	-195.966	-214.157	-183.399

括弧内は標準誤差.
*** $p<.001$; ** $p<.01$; * $p<.05$.
a: 「ホームページ」「ネット広告」のモデルと「一般的情報」「選挙関連サイト」のモデルで用いられている変数は異なる.
b: レファレンスグループは20歳代.

　まず社会経済的地位（教育程度・収入）と情報接触の関係については，いずれのチャネルについても属性の効果は見られないか，あっても負の効果で

ある。この結果は，マスメディアを通した情報フロー量に教育程度がはっきりと正の方向に影響していたことと対照的である（第3章参照）。

　情報関心度については，基本的にどのチャネルであっても正の方向に影響が見られる。ただし自民党情報の場合，同変数が有意であるのはホームページについてのみである。選挙関連サイトに対しても情報関心度は有意な効果を与えていない。「インターネット情報の接触には比較的高い能動性が必要である」と一概に結論付ける議論はやはり妥当ではない。特に自民党の一般的情報に関して情報関心度が効いていないということは，「ネット外でメジャーな勢力の情報はネット上でも豊富に流通している」ということを示唆しており，重要である。さらに係数の絶対値から見て，ホームページとネット広告を比較すると，情報関心度の効果は一般にホームページのほうが強いようである[66]。これはホームページのほうがより意識的に接触されていることを示しており，納得できる結果である。

　政党支持とインターネット情報接触の関係は，一般に強いものとはいえない。政党支持が有意な正の効果を示しているのは，わずかに民主党ホームページのみである。自民党情報ではチャネルを問わず選択的情報接触は見られない（一般的情報ではむしろ負の方向に効いている）。自民党を支持していない人も与党である自民党の情報には比較的よく接触している。民主党情報についてもホームページ以外には選択的接触は認められない。なお，選択的情報接触に関しては章末補論でさらに議論しているので参照されたい。

　ネット外情報量の影響は印象的である。ホームページ，ネット広告，一般的情報のいずれについても，「当該政党の」ネット外情報量に有意な正の効果を認めることができる。また選挙関連サイトについても，自民党と民主党のネット外情報量の和（ネット外総情報量の代理変数）は有意に正の方向に効いている。すなわち，一般的にネット外で選挙情報により多く触れている人ほど，インターネット上でも情報を収集している。

　他のコントロール変数については，ネット利用時間を除いてほとんど有意

---

[66] 「一般的情報」「選挙関連サイト」については，情報関心変数が「ホームページ」「ネット広告」のモデルとは異なるために比較が難しい。

な効果がない。特に年齢が効いていないことは，インターネットが普及さえすれば，その利用の面で年齢によるデバイドがないことを示唆しており興味深い。

4.3.5 仮説群の評価

　本節の分析結果から，第 2 節に掲げた仮説群を評価したい。まず仮説 4-1「インターネットによる選挙情報取得は，普及者のなかでは社会経済的地位のレベルと関係がない」については，表 4.2 および表 4.7 の多変量解析の結果から支持されるとしてよいだろう。

　仮説 4-2「インターネットによる選挙情報取得には利用者の主体性が必要となる。ただし，ネット広告やメジャーな勢力の一般的情報は比較的偶然的に接触される」は表 4.3 によって検証された。ネット情報接触と情報関心度との相関は一般に正であり，仮説の前半部は支持される。その相関の程度はネット広告よりもホームページのほうが高く，一般的情報において自民党情報は民主党情報よりも相関が低い。この結果は表 4.7 の多変量解析でも維持されており，以上から仮説の後半部についても支持される。

　仮説 4-3「ネット外で選挙情報により多く触れている人ほどインターネットによる情報収集を行う」は，表 4.6 と表 4.7 の結果から強く支持される。

　最後に，仮説 4-4「インターネット上で利用者は，支持政党の情報，選挙で比較的有力と見る政党の情報，およびネット外情報が比較的豊富な政党の情報に対して主体的に接触する傾向がある」について評価する。主体的に接触されるチャネルの典型である政党ホームページについて検討すると，まず「支持政党の情報」という部分については表 4.4 の分析から一般的には支持される。ただし，自民党サイトについては政党支持の効果が相対的に弱いという証拠がある（表 4.4・表 4.7）。「選挙で比較的有力と見る政党の情報」という部分については，やや間接的な検証ではあるが，自民党・民主党サイトが他党支持者からも比較的よく接触されていること（表 4.4）と候補者ホームページについての分析結果（表 4.5）が一定の証拠となる。「ネット外情報が比較的豊富な政党の情報」という部分については，表 4.6 と表 4.7 の結果

から強く支持される。

4.4 小括

　本章では，インターネットの普及が選挙情報流通構造に与えうる影響について理論的に検討を加え，限定的ではあるが実証分析を行った。内容を要約しよう。

1. 「インターネットと政治」に関する主要な論点は，「インターネット普及はエリート間のリソース格差を縮小するか」，「インターネット普及は市民間の政治的平等性の向上に寄与するか」というものである。これらの課題に答えるためには，「インターネット上で選挙時にどのような有権者がどのような情報を収集しているか」を明らかにする必要がある。
2. インターネットユーザーの社会経済的地位がネット上の政治情報接触に与える直接効果はほとんどない。他方，インターネット以外で選挙情報を得ている人はネット上でもよく情報に接触している。
3. 関心の高い人ほどインターネット情報に接触するということは一般にいえるが，関係性の強さはチャネルや情報の送り手の種類によって異なる。ネット広告やポータルサイト上の政治ニュースのように偶然的に接触される情報もインターネット上にはある。
4. インターネット上で利用者は，支持政党の情報，選挙で比較的有力と見る政党の情報，およびネット外情報が比較的豊富な政党の情報に対して主体的に接触する傾向がある。

　以上の結果をふまえて，インターネット普及は政治的エリートと市民にとってどのような意義を持つと考えられるか。まずエリートの新しいリソースとして捉えた場合，本章では動員効果を積極的に検証したわけではないが，少なくともインターネットが政治勢力間の「リソースバランスの平等化」をもたらすとは考えにくい。ネット上で主体的に接触されるのは，もともと支

持者が多く，当選可能性が高く，手掛かり情報がネット外で多い勢力の情報である。他方，ネット広告やポータルサイト上の情報のように偶然的に得られるネット情報も比較的有力な勢力のものに限られる。インターネット外でマイナーな勢力は，どれほど情報技術に対応しようとも，支持者を越えてアクセスを広げることは難しい。したがって，インターネット普及はエリート間の相対的な情報提供力の格差を縮小ではなく，むしろ拡大させる可能性が高い。とりわけ現在の日本の政治状況・選挙制度を考えれば，自民党と民主党の2党が他党よりも大きな情報提供力を持っていると見られること，すなわち「二大政党化」が有権者の情報収集過程の時点ですでに始まっていることは重要な事実である。

　ただし，インターネット以外にはまったくリソースを持たない勢力であっても情報を発信すること自体は可能となったわけであるから，その点を捉えてインターネットの意義を評価することはできる。こうした観点から見た場合，インターネットの恩恵を受けるのはエリートではなく，むしろその情報を必要とする市民の側であるといえよう。すなわち，インターネットは市民が得る政治情報の量を増加させるだけでなく，取得可能な情報内容の幅を広げてもいる。先行研究が示すように，政治情報を豊富に持つ市民ほど政治に参加し(Downs 1957; Palfrey and Poole 1987)，より自己の選好に近い選択肢を採ることができるのであるとすれば（Smith 1989, 6; Delli Carpini and Keeter 1996, ch.6; Althaus 1998)，インターネットは社会的に重要な機能を果たしているといわなければならない。

　他方で，いわゆるデジタルデバイドが解消されたとしても，インターネット利用によって市民間の政治情報量の格差が縮小するとは考えられない。本章の分析によれば，ネット以外で政治情報を得ている人ほど，ネット上でも政治情報に接触している。すなわち，情報格差はインターネット利用を通して累積化する傾向にあるのである。

　政治情報量が有権者の行動を左右しているのであるとすれば，規範的に重要なのは，社会経済的地位による情報格差が今後どうなっていくのかという問題である。本章の分析によると，教育程度は直接的にはネット情報接触に効果を与えていないか，あるとしても格差是正の効果であった。しかしなが

ら第3章において示したように，インターネット以外，とりわけマスメディアから政治情報を多く吸収しているのは比較的教育水準の高い有権者である。インターネット外接触情報がネット情報接触を刺激しているという分析結果は，すなわち，教育程度がネット外情報量を経由して間接的にネット情報接触量の格差を生んでいることを示している。

　さらに，自民党情報を多く持っている人ほど自民党のネット情報に接触する傾向があるというように，ネット外で得た情報は，インターネット上で接触する情報の内容にも影響を与えている。マスメディアや社会ネットワークといった伝統的な情報源から各有権者がどのような政治情報をどの程度得ているのかという点について理解することが，インターネット普及の意義を考える際にも必要であるといえよう。

補論 「情報の選択的接触」に関する考察

インターネットは，情報の選択的接触が行われやすいコミュニケーション・メディアであると一般的に考えられている。たとえば Bimber and Davis (2003, ch.6) は選択的接触が強く現れるメディアの条件として「情報量が大きいこと」「情報源が多様であること」「ユーザーの情報選択可能性が高いこと」の3点を挙げ[67]，このいずれについてもインターネットは他のメディア，特にテレビのようなマスメディアに優越していると主張する。

インターネットの普及がユーザーの選択的情報接触をそれほど強く促すものであるとすれば，各有権者が持つ政治情報の「分極化」「断片化」「個別化」といった状況が今後進むことが予想される。自分の考えと異なった意見に触れることは，政治的問題についての学習や寛容性の育成といった面で重要である(Mutz and Martin 2001)。それゆえ，インターネット普及によって市民が自分の好む情報ばかりを選択することは民主主義的市民の涵養という面から見て望ましいことではないかもしれない。また，市民間の共有情報基盤が縮小化すれば，議題設定機能(McCombs and Shaw 1972) のようにメディアの「マス」性を前提にした議論を再検討する必要も出てくる(Chaffee and Metzger 2001; 柴内 2001)。

では，本当にインターネットは他のメディアと比較して情報の選択的接触が行われやすいといえるのであろうか。「選択的接触のされやすさ」は，「ある勢力が発信する情報の接触者のうち，その勢力を支持する割合の大きさ」で定義しよう。

ここでまず，表 4.7 の多変量解析で示されたように，そもそもインターネット情報接触に対して政党支持の有意な効果はほとんど認められないことに注意すべきである。すなわち，少なくとも絶対的なレベルにおいて，党派性による選択的接触は顕著なものでないことを念頭に置く必要がある[68]。

相対的に評価する場合，インターネットが他のコミュニケーション・メディアよりも選択的情報接触がされやすいという見方は，実際のところある程

---

[67] この 3 要件自体は Iyengar et al. (2001) によるもの。
[68] Iyengar et al. (2001) は実験によって同様の結論に至っている。

度真実である.表 4.8 は,自民党と民主党が発信する情報について,各チャネル接触者に占める両党支持者の割合を示したものである.これによると,「広告以外の政党・候補者発信情報」と「政党・候補者広告」ではインターネット系のチャネル(ホームページとネット広告)が他のメディアよりも接触者に支持者が多い,つまり選択的接触率が高いことが分かる[69].

表 4.8 各チャネルの選択的接触率(情報の種類別)

広告以外の政党・候補者発信情報			政党・候補者広告			一般的情報		
順位	チャネル	選択的接触率	順位	チャネル	選択的接触率	順位	チャネル	選択的接触率
1	ホームページ	30.2	1	ネット広告	34.4	1	ラジオ情報	32.8
2	ポスター	25.5	2	ラジオ広告	30.2	2	口コミ	28.4
3	政見放送	25.4	3	雑誌広告	29.4	3	雑誌情報	27.7
4	街頭演説	25.0	4	新聞広告	26.3	4	新聞情報	26.8
5	ビラ・機関紙号外	24.2	5	テレビ広告	25.2	5	ネット情報	25.6
6	選挙公報	21.9				6	テレビ情報	25.4

下線はインターネット系のチャネル.
選択的接触率=各チャネル接触者数に占める情報発信政党支持者の割合.

しかしながら,「一般的情報」においてはネット情報は他と比べて最低レベルの選択的接触率であり,テレビ情報にほぼ等しい.ポータルサイトやマスメディアのサイトが流している政治的情報は,(他のメディア以上に)支持者であるかどうかにかかわりなく取得される傾向があることを示している.ポータルサイトやマスメディアサイト上の政治情報は,偶然的に目にする場合はもちろん,意図的に見る場合においても扱われている情報内容を接触者が選べるわけではないと見られるから,この結果は直感的に納得できる.インターネット情報のなかにも,チャネルによっては相対的に選択的情報接触が

---

[69] ただしネット広告の選択的接触率が高いという結果については,実は既存の説明とは別の理論的正当化が必要となる.なぜなら,先行研究の想定する「情報選択可能性が高い」という特性はネット広告には実際のところ存在しないからである.広告は非意図的に見られる(表 4.3 参照).ではなぜネット広告の「事実としての選択性」de facto selectivity は強く現れるのか.ひとつの理由は,広告を貼る側の自由度の高さによるものであろう.インターネットではどこに広告を貼るかという広告主側の自由度がテレビや新聞よりも格段に高い.広告主は支持者がより集まりそうな場に広告を戦略的に貼っており,それが選択的接触率の高さとして現れているのではないだろうか.

なされにくいものがあるにもかかわらず，そのようなチャネルは従来軽視されてきたのである。

　以上の結果から，インターネット上の選択的情報接触は（絶対的にも相対的にも）顕著なものであるとは必ずしもいえないことが明らかとなった。インターネットが市民の接触する政治情報を個別化・断片化する力を過大評価してはならない[70]。さらに根本的な問題として，インターネットが多様なチャネルから構成される媒体であるということ，すなわち「インターネット情報」という形で一括りにすることが妥当でないことが改めて確認される。

---

[70] Iyengar et al. (2001) の実験によれば，選挙過程の電子化は党派性による選択ではなく，「争点にもとづく選択的接触」issue-based selectivity を強化する。この点で，インターネット利用はむしろ多様な送り手の情報に対する接触を促す可能性もある。

第5章
政治的情報と有権者の選挙行動

 本章の目的は，選挙情報フローが有権者の投票参加や投票意図に与える効果について明らかにすることである。選挙期間中には有権者のあいだに全体として何が起きており，その変化が投票時の意思決定に対してどのような影響をもたらしているであろうか。また，選挙情報の影響をより受けやすいのはどのような有権者であろうか。

 この点について，従来の研究では多くの場合，特定の情報ルートや情報チャネルごとにキャンペーンの効果が検証されてきた。日本の文脈では，たとえば三宅（1989，第6章）が情報チャネルごとに選挙運動の効果を推定している。Flanagan et al.（1991）ではマスメディアと社会ネットワークという2つの情報ルートそれぞれに1章を割いて[71]，その効果を個別に検証している。

 こうした先行研究は，選挙運動の特定の局面において有権者がどのような影響を受けるのかという点について有益な情報をもたらしてくれる。しかし他方で，これらの研究から，選挙期間中に総体として何が起きているのかという問題に対する回答を直接的に得ることはできない。

 以上のような既存研究の状況に対し，本章では，個別の情報ルートやチャネルの機能を第3章で定義した「選挙情報量」に集約・一元化することで，選挙期間中に有権者に起こっていることの「総合的効果」を検証したい。すなわち，ここで問題としているのは，各候補者・政党・支持者・マスメディアなどが発信する情報の個別的な影響力ではなく，選挙期間中のキャンペー

---

[71] Flanaganらのいう「社会ネットワーク」には，本書第3章で定義したところのパーソナルルートだけでなく，直接キャンペーンルートのチャネルも一部含まれている。

ン全体としての存在意義なのである。

　以下，まず第1節では，選挙情報フローが有権者に与えうる効果について理論的に検討し，若干の分析をふまえたうえで本章の直接的な課題となる3仮説を導出する。ついで，第2節で分析に関する方法論的問題について議論し，第3節において仮説群の検証を行う。分析の結果，日本の短期間の選挙キャンペーンも，有権者を投票参加に動員し，また投票時に考慮する情報を増加させているという意味において意義が認められよう。

5.1 選挙情報フローの機能

　選挙情報フロー，すなわちキャンペーン情報の影響力が限定的であるという議論は，Lazarsfeldらの古典的研究以来，枚挙にいとまがない。しかしこれは主に「改変効果」についての話であって，理論的には以下のようなキャンペーン効果がなお考えうる。

5.1.1 投票参加の促進

　Downs (1957, ch.14) のモデルによれば，ある合理的個人が投票に参加するか否かは「政党間期待効用差の大きさ」「自分の投票がどれほど重要であるのかという予測」「投票それ自体の価値」「投票コスト」の4要因に依存する。この場合，投票の結果に関する不確実性の高さに応じて投票価値が割り引かれるために，持っている情報が少ないほど一般に棄権確率が高まることになる。逆に，選挙に関する情報をより多く持っている有権者ほど投票に参加する可能性は高い。Palfrey and Poole (1987) は，このモデルにしたがって，候補者情報を多く持つ人ほど投票に参加する傾向があることをアメリカ大統領選において確認した。

　Delli Carpini and Keeter (1996, 224-227) は，他の変数をコントロールしてもなお，政治的知識量が投票参加に対して独立のプラスの効果を与えていることを明らかにしている(Junn 1991 も参照)。彼らは，政治知識が投票参加を促すメカニズムの説明として2点挙げている。第一に，政治知識は関心

や有効性感覚といった心理的な政治的関与を高めるため，間接的に投票参加を促進する。第二に，参加の機会や方法を認識するのに必要な事実[72]を知っていることは，直接的に投票参加にむすびつく。単純な議論として，選挙の期日や投票方法を知らない人は参加のしようがないわけである。以上の議論は情報ストックの効果に関するものであるが，フローの効果という問題に対しても示唆に富む。

日本の文脈でも，個別の選挙キャンペーン活動が投票参加を促していることを示す先行研究は多数存在する。比較的古い研究としては，三宅他（1967，第8章）がある。三宅らは，分析の結果として「新聞や選挙公報は…認知のレベルの低い人々に対して，その接触度の高まりを通じて投票意図（投票に参加するかどうかという意図―筆者注）の形成に影響をおよぼしている」（700頁）と主張している。より最近の研究としては，三宅（1990，第15章）が，知事選，参院選，衆院選のそれぞれについて各情報チャネルが投票参加確率に与える影響力を推定し，結果，本書でも扱っているチャネルのいくつかが実際に有意な効果をもたらしていることを示している[73]。また三宅・西澤（1997）は，「選挙ハガキによる依頼」「諸団体からの投票依頼」「後援会からの勧誘」という3つのチャネルについて投票参加に与える効果を個別に検討し，後二者について有意な動員効果を確認している。蒲島（1998，第10章）も選挙民に対する「候補者接触」が投票参加の比較的強い規定要因であることを示している。

先行研究は各情報チャネルの個別的効果を問題にしているので，本章の問題関心であるところの，「選挙情報フロー総体」としての投票動員効果はそこから直接的には明らかにならない。しかし，いずれにしても以上の議論から，

---

[72] Delli Carpiniらはこれを「動員情報」mobilizing informationと呼んでいる。
[73] 三宅は投票参加に対する動員効果と補強効果を区別しているが，それを無視すると，府知事選では「政党新聞広告」「候補者からの電話勧誘」「上役等のすすめ」が，参院選では「立会演説会」「個人演説会」「政党演説会」「連呼」「政党新聞広告」「政党機関紙」「新聞選挙報道」が，衆院選では「連呼」「候補者政見放送・経歴放送」「選挙公報」「候補者ビラ」「政党機関紙」「近所の人のすすめ」「労組推薦」が有意な効果を与えているとされる。なお，この研究は京都市のサンプルを用いている点で，議論の一般化には注意が必要だろう。

一般には選挙期間中にキャンペーンに多く接触し，情報を多く得た人ほど投票に参加する傾向があると予想できる。

5.1.2 投票意図の変動

キャンペーン効果の再評価

アメリカの選挙研究史上では，『ピープルズ・チョイス』(Lazarsfeld, Berelson and Gaudet 1944) 以来長らく選挙キャンペーンには大きな効果が期待できないという見方が通説的である(最近の研究では，Finkel 1993; 反証例として，Shaw 1999)。この場合の「効果」とは，有権者の選好の改変効果を意味している。Kinder (1998, 818) は，キャンペーンが有効でないという結論が導き出される理由として，第一に，競争相手のキャンペーンによる効果の相殺，第二に，有権者の政治的先有傾向，とりわけ党派心による「抵抗力」の強さ，第三に，多くの市民は政治に対して無関心であり，ゆえにキャンペーン情報が十分に到達していないこと，の3点を挙げている。

日本の選挙研究においてもキャンペーンに強い改変効果は確認されていない。たとえば三宅 (1989, 213) は，1983年総選挙において，「個人的依頼」を受けた候補者に（投票日前に意図していた候補者から）投票方向を変更した有権者は自己判定で2%，推定値で4%しか存在しなかったことを明らかにしている[74]。

しかしながら，改変効果が弱いものであることを認めたうえで，なお選挙キャンペーンが投票意図に及ぼす影響力を見出すことは可能である。まず，キャンペーンには有権者の選好を「補強」する効果が認められている。またキャンペーンは有権者の関心を高め，情報を提供することによって有権者を「活性化」し，より賢明な選択を可能にする(Kinder 1998, 818)。図5.1は，1988年アメリカ大統領選挙におけるブッシュ候補の支持率について，有権者の属性による予測値と実測値とが時間の経過とともに接近していく様子を表

---

[74] なお，Lazarsfeld et al. (1944) が改変効果を認めたのはサンプルの8%である（邦訳168頁）。

している。すなわち，選挙日が近づくにつれて，各有権者の個人的属性が予測する支持候補と彼らの実際の主観的支持候補とが一致していくというわけである。この現象は，有権者がキャンペーンを通して情報を吸収し，自らの選好を徐々に明確化していることの現れであると見なすことができる (Gelman and King 1993)。以上のような効果は改変効果と比べて派手なものではないが，やはり重要である。

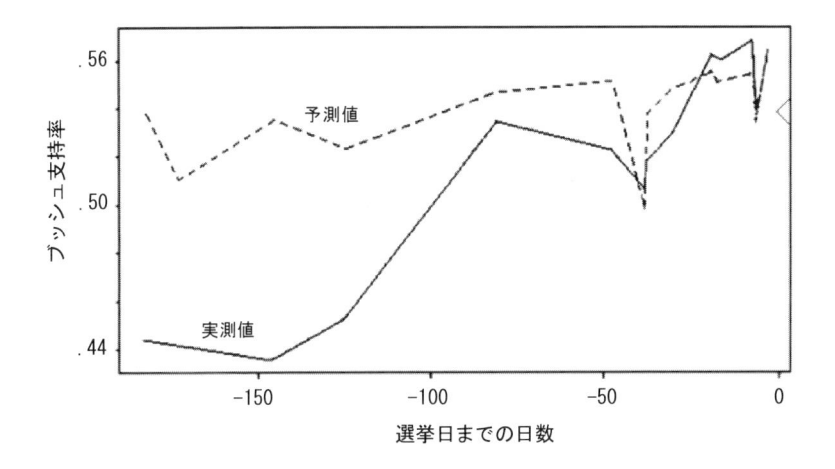

◁ は実際の選挙結果におけるブッシュ得票率を示す。
出典：Gelman and King (1993)

図 5.1 キャンペーンの進展と支持候補予測精度の上昇

では，キャンペーンを通じてどのような内容の情報が有権者に吸収されているのであろうか。アメリカ大統領選においては，たとえば Conover and Feldman (1989) は，キャンペーンが進むにつれて政党と候補者の政策位置についての認識が有権者のあいだに広まっていくことを確認した。Popkin (1991) は現職の業績よりもキャンペーンが有権者の候補者評価を決めると主張している。Markus (1982), Bartels (1988), Alvarez (1998) も，候補者に関する情報の不確実性がキャンペーンを通して低下していくことを明らかにしている。例として 1984 年民主党予備選挙時における，ハート候補に

対する認識率の推移を図 5.2 に示しておく（Bartels 1988, 66）。ハートは同予備選における有力候補であったが，当初から多くの有権者に認知されていたというわけではなく，キャンペーンの進展とともに予備選開始 7 週目あたりから同候補の政策や人柄に対する情報が急激に広まっていたことが分かる[75]。

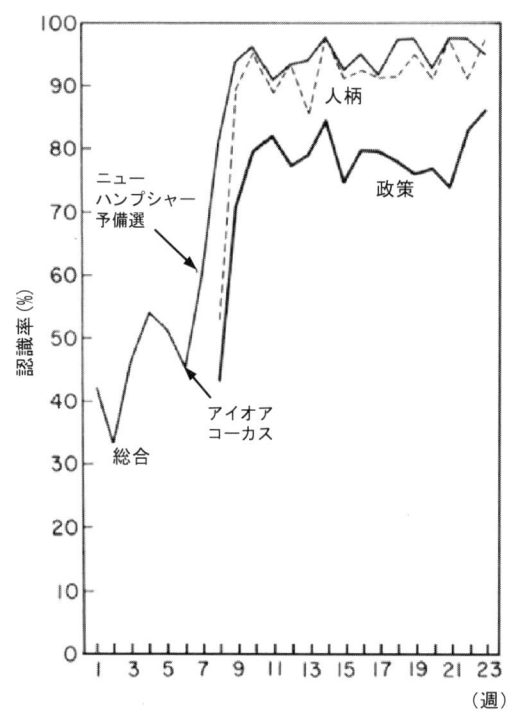

出典：Bartels (1988, 66)
図 5.2 ハート候補に対する認識率の推移（1984 年米大統領予備選挙）

すなわちアメリカ大統領選では，予備選挙・本選挙を通じた長いキャンペーンによって，有権者に政党・候補者についてのイメージや政策争点位置に

---

[75] 認識率の定義等は Bartels (1988, ch.4) を参照。

関する情報が広まっており、その情報が最終的には投票意図に影響を及ぼしているのである。

日本の選挙期間中には何が起きているのか

それでは、日本の選挙におけるキャンペーンは、投票意図への影響という観点から見ていかなる役割を果たしているのであろうか。日本の選挙を特徴づけているのは「期間の短さ」であり、種々の規制による「情報の乏しさ」である。それゆえ、アメリカ大統領選において確認されているような認知動員が日本の議会選挙でも見られるのかどうかは定かでない。

そこで以下では、日本の選挙期間中に「何が起きているのか」ということを時系列的分析によって検証したい。考察の対象は、政党・候補者・争点それぞれについての有権者の認識の度合いである。方法論的には、日本では選挙期間中に複数回の調査が行われた例がほとんどないということが障害となるが[76]、ここではパネル調査における「選挙前調査の面接日」によってサンプルを分割することによって複数回調査に代えることにする[77]。前章まで分析対象としてきた 2000 年総選挙については適当な選挙前調査データが今のところ手元にないが、96 年総選挙については JES II 調査[78]および「衆議院選挙に関する世論調査 (1996 年総選挙前後調査)」(JEDS96 調査)[79]という 2 つの質の高いパネルデータが存在するのでこれらを利用しよう。96 年選挙

---

[76] 例外的な研究として、東京大学新聞研究所 (1988) がある。この研究では選挙前後だけでなく選挙期間中にもパネル調査を行っているが、短いスパンでパネル調査を行うことは、調査自体が有権者に刺激を与える危険性が高くなるという問題があることにも注意すべきであろう。

[77] 調査面接日と回答者の属性に関連がある可能性は否定できないが、各面接日に該当するケース数は一般に小さいため他の変数をコントロールすることは実際上難しい。ちなみに、回答者の教育程度と面接日の相関係数は .01 であり有意な関連性は認められなかった (JESII について分析)。

[78] 1993 年総選挙直前から 96 年総選挙直後まで、7 回にわたって実施された全国的パネル調査 (代表蒲島郁夫)。サンプリング等の詳細については、蒲島他 (1998) を参照。

[79] JEDS 研究会 (Bradley Richardson, Susan Pharr, Dennis Patterson, 内田満、林文、谷藤悦史、池田謙一、西沢由隆、川上和久) によるパネル調査。層化二段無作為抽出法により全国の満 20 歳以上の男女 2100 人を抽出し、選挙前調査では 1452 人が面接聴取に回答 (回収率 69.1%)。なお当データセットは、東京大学社会科学研究所付属日本社会研究情報センター SSJ データ・アーカイブから提供を受けた。

の公示日は 10 月 8 日であり，20 日に実施された。これに対し，JES II（第 6 波）は 10 月 9–18 日[80]，JEDS96 は 9–19 日にかけて選挙前調査が行われている。

まず，政党に関する情報について検討しよう。いうまでもなく選挙期間中には各政党に関する情報がチャネルを問わず流通する。しかしながら，政党の情報は選挙期間中に限らず日常的にあふれており，期間中に突発的に新しい情報が現れたり，劇的に情報量が増えたりするということはまずない。「政党の情報」とは，具体的には政党の政策位置（公約）であったり，あるいは単に政党のイメージであったりするが，少なくとも後者については短期的にそれほど変化するものではありえないであろうし，前者についても各党の政策は選挙に関係なく提示されているから急激に認知が増加するとは考えにくい。この点について実証的に確認しよう。

Alvarez (1998) は，大統領選候補の政策位置に関して有権者が持っている情報の不確実性度合を指標化し，これが選挙日が近づくにつれて減少すること，すなわち，キャンペーンによって候補者情報が有権者に吸収されていることを示した。Alvarez の指標を日本の各政党の政策位置に関する不確実性指標として応用しよう。すなわち，政党 J の政策位置に関する有権者 i の不確実性 v_{iJ} は以下のように定式化される。

$$v_{iJ} = \frac{1}{K}\sum_{k=1}^{K}(P_{iJk} - T_{Jk})^2,$$

ただし K は考慮する政策次元の数，P_{iJk} は有権者 i による政策次元 k における J 政党の位置付け，T_{Jk} は政党 J の政策次元 k における位置（標本平均で代用[81]）を示す。v_{iJ} の値が高いほど，有権者 i の政党 J の政策に関する不確実性が高いことを表している。

JES II（第 6 波）では，「消費税」「公共サービス拡充」「米軍基地」「憲法

---

[80] ただし，10 月 18 日分は面接対象者が過少であるために以下の分析では除く。
[81] Alvarez (1998) に倣い，標本サイズが十分大きいときには標本平均が真の政策位置（すなわち情報が完全に知られているときに全員が選ぶはずの位置）に等しくなると仮定する。

第5章 政治的情報と有権者の選挙行動　129

改正」の 4 争点について，各党の政策位置を 7 点尺度で聞いている[82]。これらの質問項目を用いて各党ごとに Alvarez 指標を算出し，選挙前調査の面接日ごとに平均したものが図 5.3 である[83]。各党とも選挙期間中において情報の不確実性がほとんど変動していないことが分かる。すなわち，期間中に各党の政策位置がより有権者に知られるようにはなっていない。

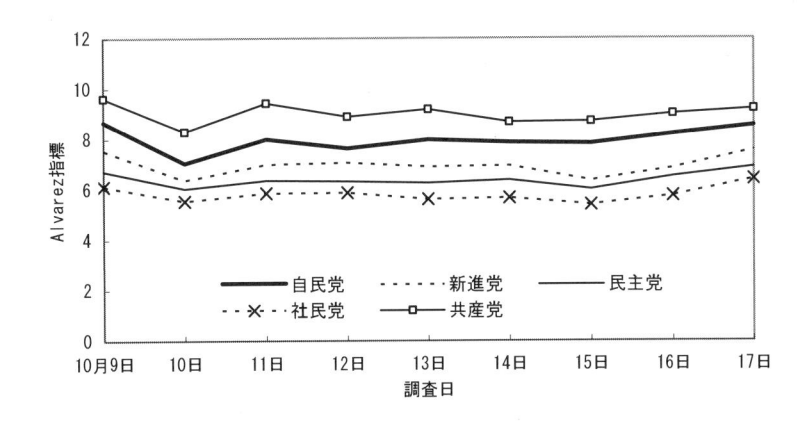

データ：JES Ⅱ.

図 5.3　政党情報に関する不確実性の推移

別の指標を用いて同様のことを示そう。JEDS96 では各党について「知っている程度」を選挙前に聞いているので，「よくわかっている」「ある程度わかっている」「名前程度である」「わからない」のレベルにそれぞれ 3–0 ポイントを与えて政党ごとに平均を取った。図 5.4 はその指標の時系列的推移を

---

[82] 質問文は付録 B 参照。
[83] 各党の政策位置に関して「わからない」と答えたものについては，Alvarez の方法にしたがって標本平均から最も離れた点（1 か 7）を与えた。この扱いはやや恣意的な操作であるといえるが，各争点について「わからない」と答えた人の割合自体が各党とも調査日によってほとんど変動していないため，Alvarez 指標の時系列的変動を見るうえでは問題はない。

示したものである[84]。Alvarez 指標に比べると若干指標の変動が大きいようにも見えるが、選挙期間全体としては各党とも平均的に「名前程度」から「ある程度」のあいだの認知度（周知度 1–2）であることに大きな変化はない。やはり選挙期間中に政党に関する情報の不確実性が減少することはほとんどないといえそうである。

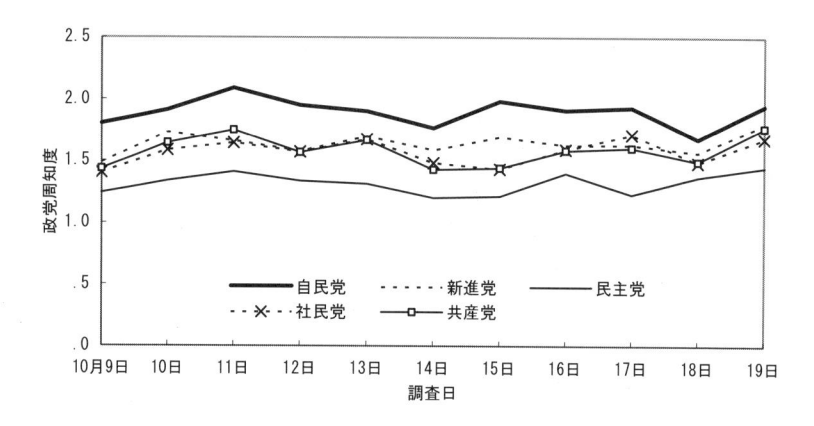

データ：JEDS96.

図 5.4　各党周知度の推移

それでは候補者に関する情報についてはどうであろうか。日本の公職選挙法は、選挙期間外の候補者情報の流通を厳しく制限している。もちろん名目的に「選挙活動」でない政治活動は常に許容されており、実質的には候補者の宣伝が（とりわけ現職について）選挙期間外にないわけではない。しかしそれでも、比較的な観点から見て、やはり日本の制度では候補者情報は主として選挙直前期に集中的に流通していると考えられる。さらに、日本では（共産党などを除いて）基本的に候補者中心型の選挙運動が展開され、また候補

---

[84] Alvarez 指標とは逆に、値が低いほど不確実性が高いことを意味する点に注意されたい。

者名を投票用紙に記入するといった制度もあって，小選挙区制下でも選挙区レベルでは候補者名の連呼といった候補者情報の浸透を図るキャンペーンが一般的である。有権者は選挙期間前に候補者に関する情報をほとんど持っていないとすれば，短い選挙期間とはいえ候補者について何らかの情報提供効果が認められるのではないだろうか。

図 5.5 は，選挙期間中における候補者認知数[85]の平均値の推移である（後の議論のために政治的知識のレベル[86]によってサンプルを分割してある）。これによると，政治知識のレベルによらず，候補者認知数は選挙期間中に漸進的に増加していることが明らかである。増加幅は多く見積もっても 1 人に満たない数であるが，それでも選挙期間中に流通する候補者情報は有権者に確実に吸収されている。

---

[85] 「あなたがご存知の候補者の名前をすべてあげていただけませんでしょうか」という質問に対する回答。
[86] 選挙前にあった沖縄県の住民投票について「知っている」と答えたかどうかによってレベルを分けた。

図 5.5 候補者認知数の推移

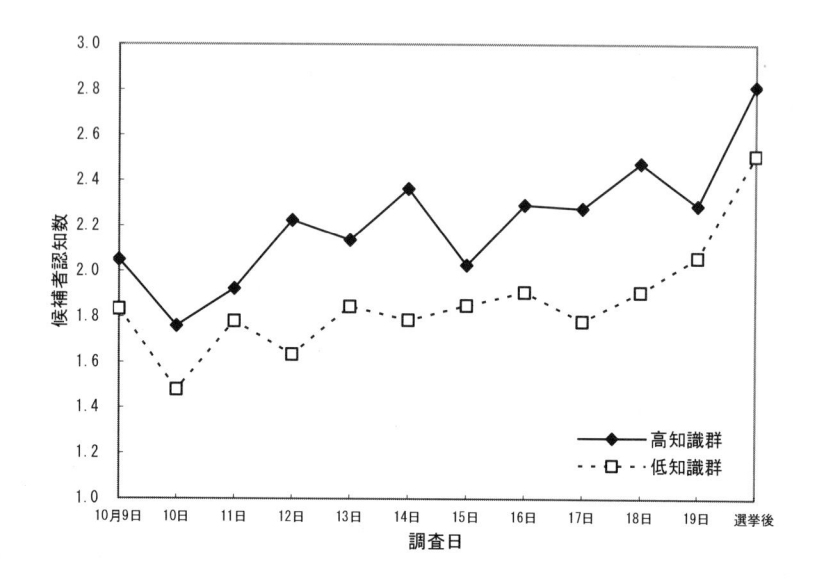

データ：JEDS96.
「選挙後」は，選挙後調査における候補者認知数の平均（ただし，覚えた候補者を「忘れる」効果をできるだけ排除するために，10月21日〜23日調査者分に限定）．

　さらに，単なる候補者名の認知だけではなく，それに伴って候補者「評価」についても選挙期間中に変動しているという証拠がある[87]。図 5.6 は，選挙前後調査で候補者評価が変動したケースがどのくらいの割合で存在するかについて，選挙前調査日ごとに示したものである[88]。もしキャンペーンによって候補者評価が変わりうるのであれば，選挙後調査までにより多くの情報を

---

[87] 三宅（1997, 127-130）は，「選挙運動に接触するほど選挙前最高評価候補とは異なる候補者に投票する」という仮説を検証することでこの問題にアプローチしている。
[88] 選挙前調査における候補者評価は0–100点，選挙後調査における候補者評価は0–10点の尺度で測定している。このため，選挙前調査の0–9点を0, 10–19点を1, …, 50点を5, 51–60点を6, 61–70点を7, …, 91–100点を10と換算した。また，サンプル1人につき対応する候補者が複数人いる場合は，候補者の人数分すべてをケースに含めている。

第5章 政治的情報と有権者の選挙行動 133

受ける調査日の早いケースほど，評価変動者数割合が大きくなるはずであるが，たしかに予想されたような傾向が見られる。外れ値である 10 月 9 日分を除くと[89]，平均的には選挙期間全体を通して 10% 程度，評価変動者数割合が低下している[90]。以上の分析から，選挙期間中には候補者の認知数が上昇するだけでなく，評価をも可能にするような何らかの実質的な候補者情報が吸収されている可能性が高いことが明らかとなった。

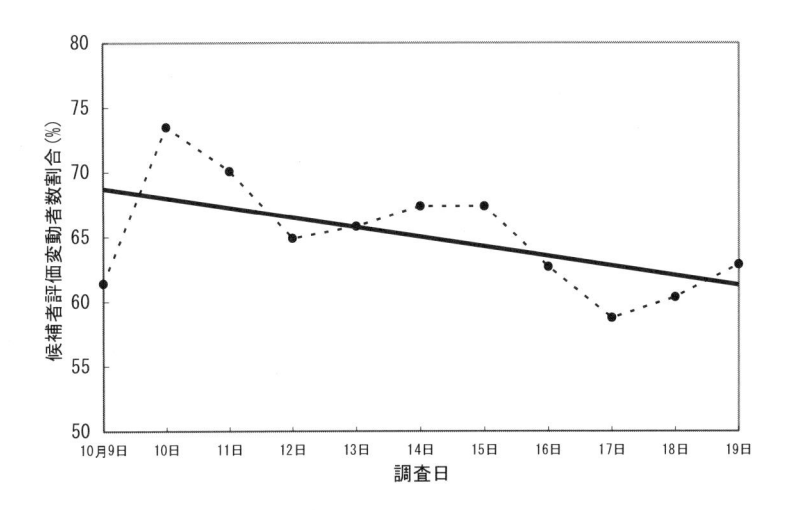

図 5.6 選挙期間中における候補者評価変動者数割合の推移

データ：JEDS96.
太線は回帰直線.

---

[89] 図 5.5 の結果からも分かるように，10 月 9 日の調査対象者は比較的に政治に対する認知度が高かったようである。
[90] 図 5.6 の結果について，選挙前調査が遅い人ほど候補者評価変動者数割合が低いのは，単に選挙前調査の回答を選挙後調査の際に「より覚えている」にすぎないという反論も考えうる。もし「より覚えている」効果があるのであれば，選挙「後」調査がより遅くに行われた人ほど候補者評価変動者数割合は高くなるはずである。ところが，実際には選挙後調査日による同割合の違いはほとんどない。したがって図 5.6 で示された効果を少なくとも「より覚えている」効果のみで説明することには無理があると思われる。

最後に，選挙の争点に関する情報について検討しよう。争点についての情報は，政党情報に似て選挙期間中のみに流通するわけではないから，期間中により認識が広まるということはないかもしれない。しかし他方で，政党に対して持つイメージとは違って，「投票時に何の争点について考えるべきか」ということを多くの有権者は日常的に考えているわけではないであろうから，選挙期間中のマスコミ報道その他が提示する争点の情報には有権者の認知を活性化する効果が認められるかもしれない。実際，データは後者の見方を支持する。

　96年総選挙時において，主要な争点となったのは第一に消費税問題であり，第二に行政改革問題である。河野（1998）によれば，選挙期間中のテレビ報道で扱われた争点の1位が行政改革であり2位が消費税であった。また新聞・テレビの政党広告で取り上げられた主要な争点は消費税問題であり（川上 1998），候補者レベルでも消費税と行政改革に関する公約が比較的多かったとされる（堤 1998）。選挙情報フローが争点認知を活性化しているのであれば，マクロレベルでこの2つの争点について意識する人の数が期間中に増加しているはずである。

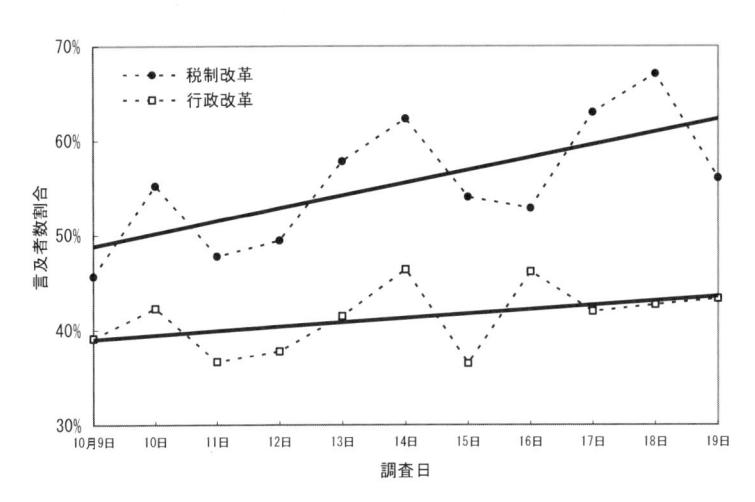

第5章 政治的情報と有権者の選挙行動 135

図5.7 96年総選挙の主要争点に関する言及者数割合の推移

データ：JEDS96.
太線は回帰直線.

図5.7は，JEDS96データから，「選挙後の新しい政府にとくに力を入れてほしい問題や課題」について税制改革と行政改革を挙げた人の割合を調査日ごとに示したものである。この質問は「選挙の争点」とは多少ニュアンスが異なるかもしれないが，それでも興味深い示唆が得られる。まず，税制改革（消費税問題）については，言及者数割合の上昇傾向が明らかに見て取れる。選挙期間の始点と終点で平均的には10%程度の上昇が見られる。行政改革についてはそれほど明確でないが，やはり全体としては上昇傾向にある。両争点の言及者数割合の動きはよく似ているから調査日によってサンプルにバイアスがある可能性は否定できないが，選挙期間中に情報の多い争点について認識し意識する人の数が増えている一定の証拠とはなるであろう。

予想される効果

本項で問題としているのは，「何を基準として投票するか」という意図に対

する選挙キャンペーン情報の影響である。まず,「政党と候補者のどちらをより重視して投票するか」という問題と選挙情報接触量との関係について検討しよう。図 5.3・図 5.4 で見たように,政党に関する情報の不確実性は選挙期間中にほとんど減少していない。他方,候補者に関する情報は図 5.5・図 5.6 の分析から,有権者に少なくとも一定程度は吸収されていることが分かる。

以上の現象を説明する要因は,おそらく選挙情報流通量全体に占める政党情報と候補者情報の相対的な割合ではない。政党に関する情報の流通量が候補者情報量よりも劣るという証拠はまったくない。問題はむしろ,どちらの情報がより選挙期間中において有権者に吸収されうるかということであり,その点において,日常的にはより稀少な候補者情報の効果のほうが大きいことは驚くべきことではない。逆に,政党情報は普段からあふれているために,どれだけ選挙期間中に流通しようとも新たに吸収される情報量にはおのずと限界がある。

ここで今,仮に選挙期間中に一切の情報に触れなかったとして,ある有権者が候補者重視で投票するか政党重視で投票するかという問題は,その人の社会的属性や政治的経験によって説明される。たとえば,一般に都市部の有権者ほど候補者との(選挙期間外での)日常的な接触が希薄になるなどの理由で政党重視の投票が多いであろうし,前回までの選挙で同じ候補に投票しつづけてきた人は今回も候補者を重視して投票する確率が高いであろう。しかし,いずれにしても情報フロー量ゼロのときの基準点から見て,選挙情報に触れるほど(つまり,候補者情報を吸収するほど)より候補者要因を重視した投票が可能になることは確かである。Brady and Ansolabehere (1989) は,候補者間の選好の差を有権者が認識できるためには,一定の閾値を越える量の候補者情報が必要であることを実証的に示した。逆に考えれば,候補者情報が乏しいほど候補者間の主観的な期待効用差は無差別となるから,候補者要因を考慮した投票は抑制されるだろう。以上の議論から,他の条件が等しければ,「選挙情報に対する接触は候補者重視投票を促進する」と考える

ことができる[91]。

つぎに、政策争点の考慮と選挙情報接触量の関係について検討しよう Campbell et al. (1960, 170) によれば、ある争点が投票決定に影響を及ぼす必要条件は、当人が(a)その争点を認知しており、(b)その争点に対して強い意見を持っており、(c)その争点についての各党のポジションを認識していることである。

日本の選挙においても、諸争点について、キャンペーンは少なくとも条件(a)を満たすことに貢献していると考えられる。実際、選挙期間中に多くの情報が流通していたと考えられる争点について、意識する有権者が徐々に増えていることがマクロレベルで確認された（図5.7参照）。条件(c)についても、候補者の政策位置に関しては選挙期間中に認知されるようになっていることが、図5.6の分析結果から示唆される。したがって、選挙情報フローが争点を考慮した投票を促している可能性は高いだろう。すなわち、「ある争点についての情報を選挙期間中に入手するほどその争点について投票時に考慮する」と考えることができる。

ただし、第3章で操作的に定義した「選挙情報量」は、その中身が明らかでないので、ここではあらゆる争点に関する情報が一定の割合にしたがって含まれていると仮定しよう。そのうえで、「選挙情報に対する接触は政策争点をより考慮した投票を促進する」という仮説を立てることができる。「政策争

---

[91] ここで問題となるのは、候補者重視投票が可能になるからといって、必ずしも有権者に候補者要因を考慮するインセンティブがあるかどうかは明らかでないということであろう。特に小選挙区制においては、政党間差異さえ認識できれば有権者にとって合理的な投票を行える蓋然性は高いから、この点は一層問題となる。すなわち、選挙情報に対する接触は、候補者重視を促進する必要条件ではあっても十分条件であるとはいえないかもしれない。仮に候補者要因を考慮しなくても合理的な投票が可能であるならば、逆に、収集した候補者情報を分析して投票することはむしろ非合理的行動となる。しかしながら日本の政治構造では、小選挙区制下においても、候補者要因まで考慮して投票することが非合理的行動であるとはいえないだろう。第一に、選挙時に提示される政党と候補者の公約は必ずしも整合的なものではなく(堤 1998)、しかも選挙後に実施される政策は「与党の政策」というよりもむしろ「与党各議員の政策の集合」に近い。第二に、今日、政党間イデオロギー距離が縮小しつつある一方で、同一政党内の候補者間における政策の幅が大きい。それゆえ、政党ラベルは政治的態度を決めるガイドとしての機能を低下させている(三宅 1995; 小選挙区選挙について、三宅 2001, 第2章)。

点をより考慮する」というのは,ある争点について,「より深く」考慮するという意味も含まれるが,この点は手元のデータからは検証困難であるから,「より広く」考慮するという意味において理解することにしよう。すなわち,「選挙情報に対する接触はより多くの政策争点を考慮した投票を促進する」という予測を立てることができる。

5.1.3 誰により強い効果があるのか

以上において,選挙情報に対する接触は投票参加および候補者・争点をより考慮した投票を促すという効果が予測された。しかしながら,これらの効果はあらゆる有権者に同程度に現れるというわけではないだろう。

この点に関して,多くの先行研究が示唆しているのは政治的知識量の役割の大きさである。たとえばZallerは以下のように先行文献を批判し,政治的知識量を有権者の行動研究に加味すべきことを強調している[92]。

> 〔市民の政治に関する知識は一般に乏しく,しかも市民間の知識格差は大きいという事実は広く知られているにもかかわらず—筆者注〕研究者たちは世論や投票行動を説明する際,多くの場合,すべての市民が十分かつ平等に政治について情報を持っていることを暗黙に仮定している。(Zaller 1992, 18)

政治的知識量を考慮する必要があるのは,これが接触した選挙情報の「処理能力」に影響するからである。認知心理学的研究が明らかにしているように,あるトピックについての一般的知識を持っている人は関連する情報についてより深く考えることができる(Petty and Wegener 1998, 329, 357; 山口 1998)。すなわち,一般に政治的知識が豊かであるほど,情報フローをより深く理解し,解釈することが可能になる(Neuman 1986, 110-111; Zaller 1992)。たとえばKrosnick and Brannon (1993) は,政治的知識量の多い人

---

[92] Zaller自身は政治的知識量のことを「政治認知度」political awareness と呼んでいる。

ほど新しい情報を効率的に吸収できるがゆえに，争点のプライミングを受けやすいことを示した。Downs (1957) もまた，入手した政治情報を処理する能力は「もっている情況に関する知識」に依存すると主張する（邦訳242頁）。

すなわち先行研究は，一般に政治的知識量の多い人ほど選挙情報が投票参加や投票意図に与える効果が強く現れることを示唆している。

5.1.4 仮説

本節のここまでの議論から，検証可能な3つの仮説を導出することができる。作業仮説上，政治的知識量の代理変数として政治関心を用いているが，このことの是非については次節で論じられる。

仮説 5-1 選挙情報に対する接触は投票参加を促進する。その効果は政治関心の高い層ほど強い。

仮説 5-2 選挙情報に対する接触は候補者重視の投票を促進する。その効果は政治関心の高い層ほど強い。

仮説 5-3 選挙情報に対する接触はより多くの政策争点を考慮した投票を促進する。その効果は政治関心の高い層ほど強い。

次節では実証分析に際する方法論的問題を取り扱い，第3節で3仮説について順に検証を進めていく。

5.2 方法論的な諸問題

5.2.1 政治的知識量の代理変数

次節の分析で本来必要とされるキー変数は個々人の政治的知識量である。しかし，利用するデータ（明るい選挙推進協会調査）には包括的に政治知識

量を測定する質問項目が存在しないから、何らかの代理変数が必要となる。

代理変数の候補となるのは「教育程度」か「政治関心」であろう。教育程度は、たとえばSniderman et al. (1991) によって政治的洗練度の指標として利用されており、Delli Carpini and Keeter (1996) によれば教育程度は政治的知識量の主要な説明変数でもある。

他方、Neuman (1986, 54) は「政治に対する関心や注意は事実的知識の漸進的蓄積につながる」とし、政治関心が政治的洗練度の操作的定義としてよく使われていると指摘している（最近の例として、Beck, Dalton, Greene and Huckfeldt 2002; Hillygus and Jackman 2003）。Converse (1975) は、教育程度ではなく政治関心が政治的洗練度を説明するキー変数であると主張し、Luskin (1990) も分析により同様の結果を導いている(Smith 1989, 180 も参照)。モティベーションの高い人はより「体系的な情報処理」systematic processing を行うために(Chaiken 1987; Petty and Cacioppo 1986 も参照)、政治的洗練度も高まるのであろう。さらに、Delli Carpini and Keeter (1996) は、（教育程度とともに）政治関心もまた政治的知識量の重要な規定要因であることを明らかにしている。

以上のように、政治的知識量をいずれかの変数で代理する場合、特に「情報処理能力」を問題とする観点からは、政治関心を用いるほうに分があるようである。日本の文脈でも、政治関心が政治的知識量と比較的強い関係にあることが明らかにされている(稲葉 1998)[93]。同じ学歴であっても年代によって実質的には差があるだろうし、また日本ではアメリカ社会と比較すると学歴間知識格差がおそらく小さいと予想されることもあり、ここでは代理変数として政治関心を使うことにする[94]。

5.2.2 影響の方向性に関する問題

方法論上のもうひとつの問題は双方向因果関係の扱いである。たとえば選

---

[93] ただし政治的知識量は教育程度とも関連性は強い。なお、教育程度と政治関心のどちらがより政治的知識量と関係が強いかは、稲葉論文では示されていない。
[94] 学歴を代理変数として以下の分析を行っても（大卒以上か否かでサンプルを二分）、政治関心を用いたものと結論的には違いがなかったことを念のため付記しておく。

挙情報量と候補者重視度との関係の場合，前者から後者への影響の方向だけではなく，逆の方向，すなわち「候補者重視の人ほど主体的に選挙情報を収集する」という関係が想定できる。選挙中には日常的には稀少な候補者情報が集中的に流通するから，候補者を重視した投票を意図している有権者が自らキャンペーン情報を取得しようとすることは考えうることである。

同様のことは選挙情報量と争点考慮数の関係についてもいえる。つまり，選挙情報に対する接触が争点考慮数を高めるとともに，「より多くの争点について考えている人ほど，それに関連した情報を集めるために主体的に選挙情報に接触する」という影響の方向が想定可能である。現実問題としてこのような逆方向の関係があるのかどうかは定かではないが，双方向因果関係を仮定して分析を進めるほうがより説得的な結果が得られよう。

次節の分析では，この問題に対し 2 つの手法で対処する。ひとつの方法は，通常の選挙情報量の代わりに「受動的情報量」という変数を構成して分析に用いることである。受動的情報量は第 3 章（表 3.1）で挙げた情報チャネルのうち，「能動的に接触されるわけではないチャネル」[95]のみを用いて構成したものである。この変数を使った場合，接触情報総量の効果を見ることはできないが，理論的には「主体的に情報を集める」という逆方向の因果関係を排除できる。

他方，選挙情報総量の効果を直接的に見ようとする場合，通常の最小二乗法や最尤法を用いて統計モデルを推定するとパラメータの推定値にバイアスが生じる可能性があり，何らかの対処が必要となる。一般に同時方程式モデルにおけるパラメータの最小二乗推定量や最尤推定量には一致性がない。このような場合に一般的に利用される推定方法は 2 段階推定法であり，この手法を用いれば一致推定量が得られることが知られている。2 段階推定法の手順は以下のとおりである (Maddala 1992, ch.8; Greene 2003, ch.15)。政策考

---

[95] 具体的には，「連呼」「候補者ハガキ」「政党ハガキ」「電話勧誘」「選挙熱心な人の勧誘」「近所の評判」「友人・知人・親戚のすすめ」「上役や有力者のすすめ」「労働組合関係のすいせん」「仕事関係の団体のすいせん」「町内会・自治会・区会などのすいせん」「その他の団体のすいせん」「後援会のすいせんや依頼」の 13 チャネルを対象とする。

慮数と選挙情報量の関係で説明すると,推定したい方程式はつぎのように表現できる。

$$y_i = \mathbf{x}_{1i}'\beta + \tau v_i + u_i, \qquad (*)$$

ただし y_i は投票者 i の政策考慮数,v_i は選挙情報量(内生変数),$\mathbf{x}_{1i}$ はその他の説明変数(外生変数)のベクトル,u_i は誤差項,τ とベクトル β は推定すべきパラメータである。

今,v_i は y_i によって影響を受ける内生変数であるために v_i と誤差項 u_i には相関があり,最小二乗推定では推定量の一致性が失われる。そこでまず第 1 段階において,内生変数 v_i を被説明変数とする誘導型方程式を最小二乗推定し,v_i の理論値 $\hat{v}_i$ を得る。ただし方程式(*)のパラメータを識別するために,操作変数としては外生変数 $\mathbf{x}_{1i}$ に加えて $\mathbf{x}_{2i}$ が投入されなければならない。そして第 2 段階として,理論値 $\hat{v}_i$ を方程式(*)に代入してパラメータを最小二乗法で推定すると一致推定量が得られる。ここでは線形モデルを前提に議論したが,推定すべきモデルの従属変数が離散変数で線形モデルが適用できない場合においても,第 2 段階で最尤推定を行う以外は手順的に同じである。

5.3 選挙情報フローの効果

本節では,第 1 節で示された仮説にもとづいて実証分析を行う。第 1 項では選挙情報が投票参加に与える効果について,第 2 項では投票意図に与える効果について検討を加える。

5.3.1 投票参加に対する効果

まず仮説 5-1「選挙情報に対する接触は投票参加を促進する。その効果は政治関心の高い層ほど強い」を検証しよう。表 5.1 は,小選挙区投票参加ダミーと情報フロー量の相関関係を,政治関心のレベルごとに見たものである。これによると,一般に相関係数がプラスであることから,たしかに総情報量が多いほど投票に参加するという関係があることが分かる。しかしさらに重

要なことは,政治関心のレベルが低いほど情報量と投票参加の関係が強まっていることである。すなわち,選挙キャンペーン情報による投票動員効果は政治関心の低い層ほど強いことが示唆され,したがって仮説 5-1 に反した結果となっている。

表 5.1 投票参加と選挙情報量の相関

政治関心レベル	総情報量と 投票参加の相関		N
全くなし	.34	**	91
ほとんどなし	.17	**	356
多少あり	.11	***	1256
非常にあり	.06		497

*** p<.001; ** p<.01; * p<.05; + p<.10.

選挙情報量の効果をより明らかにするために多変量解析を行おう。ここで注意しなければならないのは,「選挙に対する関心」「選挙情報量」「投票参加確率」の相互関係である(図 5.8)。選挙情報に対する接触は一般に選挙関心に影響を与えると考えられるが (I),他方で,選挙関心の高い人はより主体的に情報を収集するであろうから逆向きの影響の方向性も想定される (II)。そして選挙関心は選挙情報量とは独立に投票参加に影響を与えると考えられるから (III),選挙情報量 (X) が投票参加 (Y) に与える「総効果」を見たいときに選挙関心をコントロールすべきかどうかが問題となる。

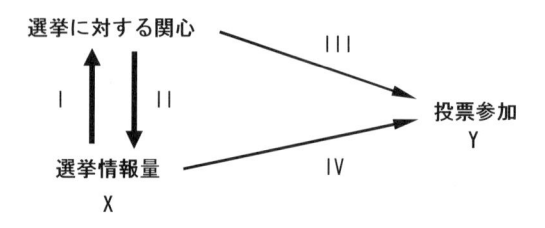

図 5.8 選挙情報量，選挙関心，投票参加の関係

　情報フローの総効果を見るためには，情報接触の「結果」であり，しかも従属変数に影響を与えると考えられる変数はコントロールしてはならない (King, Keohane and Verba 1994, 173)。しかし他方で，情報接触と従属変数の双方に影響を与える媒介変数をコントロールしなければ，情報フローの効果の推定にはバイアスがかかることになる。

　すなわち，I → III という選挙情報量の「間接効果」が考えられるから，選挙関心をコントロールすると選挙情報量の総効果としては過小評価をしてしまうことになる。他方，II が想定される限りにおいて，選挙関心をコントロールしないことは選挙情報量の効果を過大評価してしまうことになる可能性も否定できない。

　ここでは対処法として，選挙関心をコントロールしないモデル 1 とコントロールしたモデル 2 を両方とも推定することにしよう。選挙関心をコントロールすると選挙情報の効果は「直接効果」(IV) しか見ることができなくなるが，その場合でもコントロールしないモデルと同様の結果となるのであれば，より結論の信頼性が高まるだろう。

表 5.2 投票参加の規定要因（ロジットモデル）

	低関心群		中関心群		高関心群	
	モデル1	モデル2	モデル1	モデル2	モデル1	モデル2
総情報量	.352 **	.300 *	.195 **	.094	.154	.085
	(.126)	(.127)	(.071)	(.072)	(.133)	(.139)
選挙への関心		.776 ***		1.375 ***		1.324 ***
		(.193)		(.163)		(.333)
政党支持強度	.930 ***	.787 ***	.617 ***	.525 ***	.403	.270
	(.225)	(.231)	(.134)	(.140)	(.273)	(.290)
加入団体数	.284	.179	.091	.084	.250	.209
	(.151)	(.156)	(.092)	(.097)	(.219)	(.231)
後援会加入	.508	.600	.688 *	.739 *	.058	.240
	(.465)	(.493)	(.322)	(.332)	(.611)	(.625)
性別	-.689 **	-.673 **	-.017	-.120	-1.014 *	-1.244 *
	(.238)	(.245)	(.168)	(.176)	(.484)	(.520)
年齢[a]						
25-29	1.140 *	1.107 *	.315	.214	.714	.516
	(.478)	(.487)	(.404)	(.443)	(1.187)	(1.225)
30-39	1.560 **	1.701 ***	1.223 **	1.165 **	1.811	1.992
	(.478)	(.493)	(.380)	(.418)	(1.164)	(1.204)
40-49	1.013 *	1.211 *	1.146 **	1.081 **	1.103	1.096
	(.515)	(.533)	(.374)	(.411)	(1.015)	(1.045)
50-59	1.260 **	1.336 **	1.312 ***	1.165 **	1.543	1.194
	(.476)	(.488)	(.388)	(.427)	(1.027)	(1.058)
60-69	1.506 **	1.563 **	1.522 ***	1.312 **	2.722 *	2.351 *
	(.551)	(.566)	(.416)	(.455)	(1.137)	(1.174)
70-79	1.822 **	1.906 **	1.431 **	1.234 *	1.802	1.146
	(.573)	(.587)	(.477)	(.516)	(1.127)	(1.168)
80-	.909	1.195	.887	.662	1.339	1.524
	(.708)	(.720)	(.568)	(.606)	(1.474)	(1.518)
教育程度	.111	.098	.188	.213 *	-.038	-.077
	(.152)	(.154)	(.100)	(.107)	(.194)	(.202)
居住年数	.279 *	.265 *	.218 *	.272 **	-.273	-.144
	(.125)	(.128)	(.088)	(.094)	(.277)	(.271)
都市規模	-.057	-.046	-.044	-.099	-.226	-.256
	(.103)	(.106)	(.073)	(.077)	(.176)	(.182)
(定数)	-2.964 ***	-4.323 ***	-1.724 **	-5.783 ***	1.185	-3.407
	(.777)	(.873)	(.602)	(.815)	(1.417)	(1.826)
N	433	431	1225	1223	489	489
log likelihood	-244.829	-235.611	-499.542	-457.988	-100.275	-92.689

括弧内は標準誤差.
*** p<.001; ** p<.01; * p<.05.
低関心群：「全く関心をもっていない」＋「ほとんど関心をもっていない」．中関心群：「多少は関心がある」．
高関心群：「非常に関心がある」．
a: レファレンスグループは20-24歳.

表 5.2 は，小選挙区投票参加（投票＝1，棄権＝0）を従属変数としたロジットモデルの推定結果である。政治的知識量の代理変数である政治関心のレベルごとにサンプルを分割している。まず，選挙関心をコントロールしないモデル1の結果から検討すると，政治関心のレベルが上がるにしたがって総情報量の効果が低減する様子が明瞭に見て取れる。高関心層では有意な効果がなく，すなわち接触した選挙情報量に関係なく投票に参加している。

非線形モデルの直接的な解釈は容易でないから，シミュレーションを行うことによって情報フローの効果を視覚的に表現しよう。図 5.9 は，「男性・20–24歳・後援会非加入者・その他の独立変数について標本平均」という条件を付けたときの選挙情報量と投票参加確率の関係を示している。この図から，等しい量の選挙情報を得ても政治関心のレベルによって効果が大きく異なることが分かる。実際には第3章で見たように低関心層はそれほど多くの選挙情報に接触するわけではないのであるが，情報に触れさえすれば投票参加確率は大きく高められることが示されている。

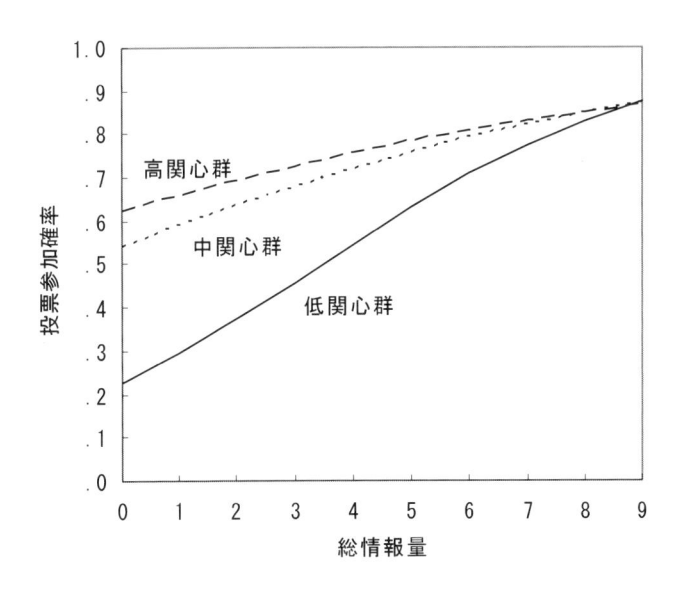

第5章 政治的情報と有権者の選挙行動　147

図 5.9 投票参加に与える選挙情報フローの効果（シミュレーション）

　ただしモデル1で推定された情報フローの総効果は，選挙関心をコントロールしていないことによって過大に評価されている可能性があることは上述のとおりである。実際，選挙関心をコントロールしたモデル2の結果を見ると，政治関心が中レベルの層で総情報量の（直接）効果が消えてしまっている。しかし，この場合でも低関心層ではなお総情報量の有意な効果が残っていることが重要である。すなわち，選挙関心を通さない直接効果に限定しても，やはり政治関心の低い層において情報フローの影響が認められるということになる[96]。以上から，選挙情報に対する接触は投票参加を促進する効果を持ち，しかもその効果は政治関心の低い層ほど強いということが明らかに

---

[96] なお，第2節で定義した「受動的情報量」を総情報量の代わりにモデル1に投入しても，得られる分析結果はほとんど変わらない。受動的情報量は理論的に選挙関心から影響を受けないから，やはり選挙情報が投票参加に与える効果は単なる擬似相関ではないといえるだろう。

なった。

　以上の結果は，明確に仮説 5-1 を棄却するものである[97]。「政治関心の低い層ほどキャンペーンの効果が強い」という分析結果が単に統計手法に起因するものでないことを確認するために，投票率とキャンペーン接触率の時系列的推移を見てみよう。マクロレベルの分析でも同様の結果が得られるならば，より結論の信頼性は向上する。

　図 5.10 は 86 年総選挙から 2000 年総選挙にかけての，関心レベル別の投票率と「連呼」接触率の変遷を示したものである[98]。キャンペーンの種類を連呼に限定しているのは，このチャネルに対する接触の有無が継続的に調査で聞かれており[99]，また関心レベルに比較的関係なく接触されるチャネルであるために[100]，キャンペーン全体の活発性を回答者の主観的認識から区別して把握するのに好都合であることに拠っている。

---

[97] 低関心層ほど選挙情報の投票参加に与える効果が大きいという結果は，「新聞や選挙公報は…認知のレベルの低い人々に対して，その接触度の高まりを通じて投票意図（投票に参加するかどうかという意図—筆者注）の形成に影響をおよぼしている」という，三宅他（1967, 700）の見解とも合致する。
[98] 明るい選挙推進協会調査では，一般的な政治関心度を聞く質問項目は 2000 年から加えられたため，ここでは（2000 年も含めて）「選挙に対する関心」で代用している。この質問も 83 年総選挙以前の調査では聞かれていないために，86 年以降の推移について検討している。
[99] ただし，93 年以前と 96 年以降で質問形式の変更がある。93 年以前では，連呼に対する接触は投票参加者についてしか聞かれていない。96 年と 2000 年では投票に関係なく聞かれている。したがって，図中の接触率は 93 年以前は投票者について，96 年以降はサンプル全体についての数値である。ただし，96 年と 2000 年について投票者中の接触率を見たところ，ほとんどサンプル全体の数値と違いなかった（それぞれ 35.9%，30.6%）。
[100] 第 3 章（図 3.2）で示したように，連呼は直接キャンペーンルートのなかで最も接触に対する能動性が必要とされないチャネルである。

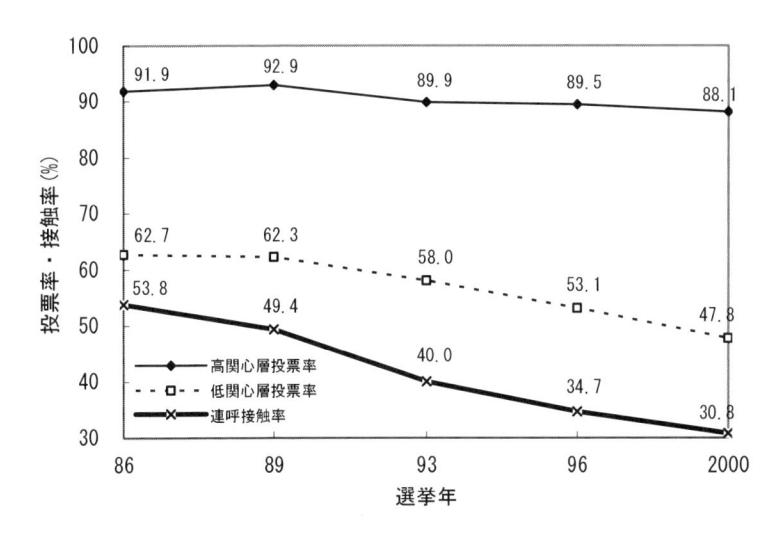

第 5 章　政治的情報と有権者の選挙行動　149

```
                         投票率・接触率(%)
100 ┤
 90 ┤ 91.9   92.9   89.9   89.5   88.1
 80 ┤
 70 ┤
 60 ┤ 62.7   62.3
 50 ┤ 53.8          58.0   53.1
 40 ┤        49.4                 47.8
 30 ┤               40.0
               ─◆─ 高関心層投票率    34.7
               --□-- 低関心層投票率          30.8
               ─×─ 連呼接触率
      86     89     93     96    2000
                        選挙年
```

データ：明るい選挙推進協会調査．
高関心層：「非常に関心をもった」+「多少は関心をもった」．低関心層：「ほとんど関心をもたなかった」+「全く関心をもたなかった」．
96 年・2000 年の投票率は小選挙区について．

図 5.10　総選挙の投票率とキャンペーン接触率の推移

　図 5.10 によると，連呼接触率は 86 年以降単調に，しかも大きく減少していることが分かる[101]。これに対し，高関心層はどの選挙でも 90% 程度の投票率を保っている。連呼接触率と対応する形で投票率を下げているのは低関心層である。この結果は，先のミクロレベルの分析と整合しており，「政治関心の低い層ほどキャンペーンの投票動員効果が強い」という分析結果の信頼性向上に寄与するものである。では，なぜ予想（仮説 5-1）に反する結果となったのであろうか。この点については一連の分析の後に改めて触れることにする。

---

[101] 実際には，連呼接触率は 80 年総選挙（60.2%）をピークに減少を続けている（83 年は 54.8%）。

5.3.2 投票意図に対する効果

ここでは，選挙情報フローが投票意図に与える効果について，第一に候補者重視と政党重視との比較において，第二に政策争点の考慮という面において順に検討する。

候補者要因の重視

第1節で示した分析から，日本の選挙期間中には，政党に関する情報の不確実性はほとんど改善されないのに対し，候補者情報については有権者に少なくとも一定程度は伝達・吸収されていることが明らかとなった（図5.3・図5.4・図5.5・図5.6）。したがって，他の条件が等しければ，選挙情報により接触するほど候補者要因を考慮した投票が促されると考えられる。さらに，選挙情報の効果は政治的知識量の多い人ほど強いと予想した。

ここで，政治的知識のレベルが高いほど選挙情報をより解釈し理解することができるという見方を裏付けるために予備的な分析を行いたい。図5.5の分析では政治的知識レベルと選挙期間中の候補者認知数の増加率にはほとんど関係がないことが示されたが，実は認知の「深さ」という点において知識レベルが影響を与えている証拠がある。

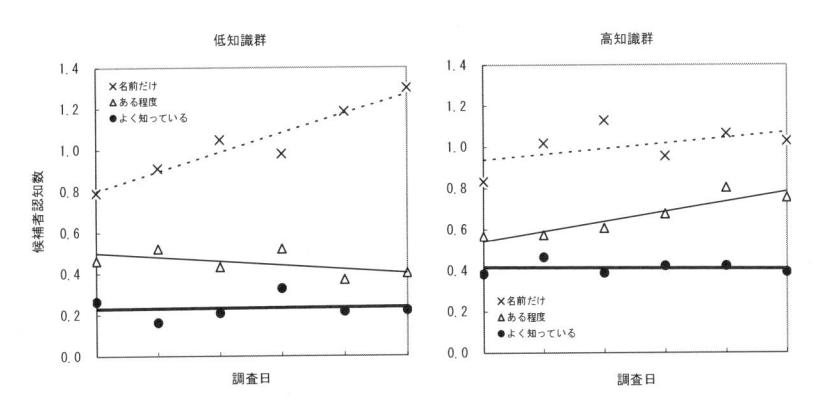

第5章 政治的情報と有権者の選挙行動　151

図5.11 候補者認知数の推移（認知レベル別）

データ：JEDS96.
調査日2日分ずつをプールしてプロット（最終日のみ1日分）．

　図5.11は，選挙期間中における候補者認知数の推移を「認知のレベル」[102]ごとに分けて見たものである．これによると，低知識層ではほとんど「名前だけ知っている」程度の候補者数のみが増えているのに対し（最終的には高知識層より多くなるほどである），高知識層においては「ある程度知っている」程度にまで認知レベルが高まっていくことが見て取れる．すなわち，政治的知識の量は候補者認知の「深さ」に差をもたらすのである．ただし，選挙期間中に候補者認知が「よく知っている」程度にまで高まることは，知識レベルによらずほとんどないということにも注意すべきであろう．日本の短く規制の厳しい選挙において，候補者情報を浸透させられる程度には限界があることが分かる．
　いずれにしても，政治的知識のレベルは選挙情報の理解度に影響することが明らかとなった．この結果をふまえて，より直接的に仮説 5-2「選挙情報に対する接触は候補者重視の投票を促進する．その効果は政治関心の高い層ほど強い」の検討に移ろう．まず表5.3は，投票意図における候補者重視度

---

[102] 「あなたは，その候補者（〇〇さん）をどの程度ご存じですか」という問に対する回答で，選択肢として「よく知っている」「ある程度知っている」「名前だけ知っている」という3レベルの認知度がある．

と選挙情報量との相関を関心レベルごとに見たものである。前節で議論したように，逆方向因果関係の影響を排除するために受動的情報量と候補者重視度の関係も分析した。

表5.3 選挙情報量と候補者重視度の相関

	候補者重視度との相関		N
	総情報量	受動的情報量	
低関心群	.00	.07	246
中関心群	.00	.13 ***	1038
高関心群	.08 +	.18 ***	465

*** p＜.001; ** p＜.01; * p＜.05; + p＜.10.
低関心群：「全く関心をもっていない」+「ほとんど関心をもっていない」．中関心群：「多少は関心がある」．高関心群：「非常に関心がある」．
候補者重視度のコーディングは付録C参照．

候補者重視度のコーディングのためか全体として相関係数の絶対値は小さいが[103]，高関心群においては総情報量を多く得ているほど候補者を重視して投票する傾向が認められる。また受動的情報量と候補者重視度の関係性は比較的強く，しかも高関心層ほど高い相関係数を示している。

この結果は他の変数をコントロールするともう少し明瞭に示すことができる。モデルの従属変数を「(a)政党重視 (b)一概にいえない (c)候補者重視」とすると，(a)(b)(c)の順に候補者重視度が高いと考えられるから，統計モデルとしては順序付きプロビットモデルを適用する。独立変数としては総情報量のほかに，接触情報量に影響を与えている政党支持強度，教育程度，後援会加入，加入団体数の4変数（表3.6参照），および各党支持のダミー変数をコントロール変数として投入した。サンプルは政治関心レベルによって分割し，総情報量を内生変数として2段階推定を行う[104]。

---

[103] コーディングについては付録Cを，質問文については付録Bを参照。
[104] 順序付きプロビットモデルに2段階推定法を適用した例として，Franklin and Jackson (1983) がある。

表5.4 は推定結果である[105]。総情報量の係数が一般にプラスであることは，選挙情報に対する接触が候補者重視投票に寄与していることを示している。またその推定値の大きさから，予想通り政治関心の高い層ほど情報フローの投票意図に与える効果が強いことが分かる。ここでもシミュレーションを用いて視覚的に選挙情報の効果を捉えよう。図5.12 は支持なし層（後援会非加入，教育程度・加入団体数については標本平均）の投票意図の変動についてシミュレートしたものである[106]。低関心群，高関心群ともに，選挙情報に多く接するほど候補者重視投票を行う確率が高まり，逆に政党重視投票を行う確率は低まる。さらに，選挙情報が投票意図を変動させる効果は，顕著な差とはいえないものの，高関心群において特に強く現れている。以上から仮説5-2 は支持された。

以上の分析で示されたように，選挙情報に対する接触は，他の条件が等しければ候補者要因をより考慮した投票を促進する。ここで気になるのは選挙情報によって候補者のどのような側面が考慮されるようになるのかという点であろう。図5.13 は，候補者重視投票を行った者のうち，「政策や活動を支持するから」「人物がよいから」「ほかの候補者よりましだから」という 3 つの理由についてそれぞれ何％の人が挙げたのか，総情報量のレベルごとに見たものである[107]。

---

[105] ただし標準誤差については厳密な推定値ではなく，したがってパラメータ推定値の有意性についても目安程度にとどまる。2 段階推定を行うと一般にパラメータの標準誤差は誤って推定されるが，非線形モデルの場合はその修正が容易ではなく，先行研究においても標準誤差はそのまま報告されていることが多い(Alvarez 1998, ch.5; Franklin 1983; Fiorina 1981)。ただし 2 段階推定法による推定値には漸近的に一致性があるから，係数間の比較は可能であろう。

[106] 中関心群に関してはシミュレーションを掲載しないが，選挙情報量が与える効果は低関心群より大きく，高関心群より小さくなる。

[107] 質問項目にはこの他，「後援会に入っているから」「いろいろ世話になったから」「その他」が理由として挙げられているが，これらに該当すると答えた人はかなり少数である。質問文については付録 B 参照。

表5.4 候補者重視投票の規定要因（順序付きプロビットモデル・2段階推定）

	低関心群	中関心群	高関心群
総情報量	.109	.114 **	.155 **
	(.111)	(.041)	(.054)
自民党支持	.228	.183	.160
	(.232)	(.097)	(.142)
公明党支持	-.286	.248	-.524
	(.402)	(.209)	(.300)
共産党支持	-.352	-.492	-.739 *
	(.462)	(.260)	(.310)
政党支持強度	-.109	-.336 ***	-.230 *
	(.182)	(.070)	(.090)
教育程度	-.105	-.177 ***	-.123 *
	(.097)	(.042)	(.057)
後援会加入	.422	.388 ***	.181
	(.254)	(.109)	(.154)
加入団体数	.102	-.031	-.005
	(.080)	(.038)	(.056)
敷居値1	-.469	-.530 ***	.042
	(.241)	(.133)	(.212)
敷居値2	.110	-.314 *	.243
	(.240)	(.132)	(.212)
N	245	1020	459
log likelihood	-251.024	-904.498	-381.261

括弧内は標準誤差.
*** p<.001; ** p<.01; * p<.05.
低関心群：「全く関心をもっていない」＋「ほとんど関心をもっていない」．中関心群：「多少は関心がある」．高関心群：「非常に関心がある」．
「総情報量」は内生変数．操作変数は「性別」「教育程度」「受動的情報チャネル接触ダミー」（連呼・候補者ハガキ・政党ハガキ・電話勧誘・選挙熱心な人の勧誘・近所の評判・友人等のすすめ・上役等のすすめ・労組推薦・仕事関係団体推薦・町内会等の推薦・その他団体推薦・後援会依頼）「年齢ダミー」（25-29・30-39・40-49・50-59・60-69・70-79・80-）「職業ダミー」（農業・商工業・管理職・専門職・サービス）「加入団体数」「後援会加入」「居住年数」「都市規模」「選挙関心」「政党支持強度」「支持政党ダミー」（民主党・公明党・共産党・自由党・社民党・その他・支持なし）．

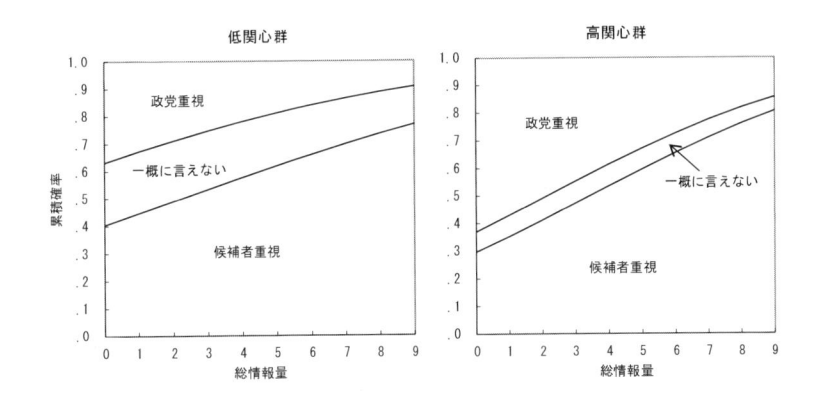

第5章 政治的情報と有権者の選挙行動　155

図 5.12 投票意図に与える選挙情報フローの効果（シミュレーション）

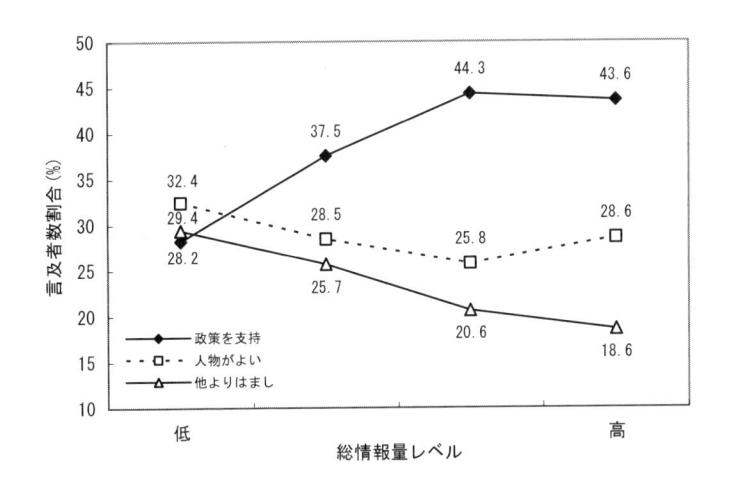

総情報量レベルは低い順に,「1.0未満」「2.0以上3.0未満」「3.0以上4.0未満」「4.0以上」．
図 5.13 各候補者重視理由の言及者数割合（総情報量レベル別）

これによると，総情報量レベルが上がるほど，「政策や活動を支持するから」という積極的な理由で候補者重視投票を行う人の割合が高く，逆に「ほかの

候補者よりましだから」という消極的な理由を挙げる人の割合は低くなっていることが分かる。「人物がよいから」という理由についてはあまり明確な傾向は見られないが，どちらかといえば総情報量の低い人ほど挙げる確率は高い。これらの関係は，政治関心をコントロールしても同様に確認された[108]。

以上の分析結果から示唆されるのは，有権者は選挙情報を得ることで，単に候補者のイメージについて認識を深めるというよりも，その候補者の公約や日常的な活動などを参照して，より積極的な理由で投票できるようになるということである。図5.6の分析に示された選挙期間中の候補者評価変動も，候補者のイメージ的な情報によるものだけではなく，候補者の政策位置に関する情報による部分があると考えられよう。

政策争点の考慮

選挙情報接触と投票における争点考慮の関係はいかなるものであろうか。ここでは仮説5-3「選挙情報に対する接触はより多くの政策争点を考慮した投票を促進する。その効果は政治関心の高い層ほど強い」を検証する。

表5.5は，政治関心のレベルごとに選挙情報量と争点考慮数[109]の相関係数を見たものである。これによると，どの関心レベルでも総情報量と争点考慮数の相関はプラスであり，しかもその絶対値は関心レベルが高いほど大きいことが分かる。また受動的情報量を用いた場合でも同様の結果が認められる

---

[108] 「政策や活動を支持するから」「人物がよいから」「ほかの候補者よりましだから」という各理由に対する言及と総情報量との相関係数は，それぞれ .15, -.05, -.09 である。これに対して，政治関心をコントロールした偏相関係数はそれぞれ .11, -.03, -.08 となり，ほとんど変わらない（政治関心に加えて教育程度をコントロールするとそれぞれ .10, -.03, -.09 となる）。なお，「政党重視」投票者のなかでは，「その党の政策や活動を支持するから」という理由に対する言及と総情報量には，政治関心をコントロールすると有意な相関が認められない。これは，政党の政策位置に関する情報が選挙期間中にほとんど知られるようにはなっていないという図5.3の分析と整合的な結果である。

[109] 「今度の選挙で，どのような問題を考慮しましたか。この中にあればいくつでも挙げてください」という質問に対して，回答者が挙げた争点の数（0–17）。この質問は投票に参加したか否かに関係なく聞かれているが，表5.5および表5.6の分析では投票参加者のみに対象ケースを限定している。

ことから，方向性として選挙情報量が争点考慮数に影響を与えていることが確認される。たしかに選挙情報に対する接触は争点考慮の多次元化に貢献しており，しかもその効果は政治関心の高い層ほど強いといえそうである。

表 5.5 選挙情報量と争点考慮数の相関

	争点考慮数との相関		N
	総情報量	受動的情報量	
低関心群	.27 ***	.08	254
中関心群	.34 ***	.12 ***	1046
高関心群	.36 ***	.30 ***	467

*** p<.001; ** p<.01; * p<.05; + p<.10.

低関心群:「全く関心をもっていない」+「ほとんど関心をもっていない」. 中関心群:「多少は関心がある」. 高関心群:「非常に関心がある」.

表 5.6 は争点考慮数を従属変数とし，総情報量を内生変数とした 2 段階最小二乗モデルの推定結果である（サンプルは政治関心レベルによって分割）。コントロール変数としては，総情報量の規定要因（表 3.6 参照）である教育程度，後援会加入，加入団体数，政党支持強度を加えた（すべて外生変数）。

分析結果によると，一般に総情報量の増加は争点考慮数の上昇に寄与し，しかも高関心層ほど総情報量の効果が強いことが明らかである。パラメータの推定値によれば，情報量 1 単位あたり（テレビ選挙報道と新聞選挙報道の 2 チャネル分程度の情報量に相当），低関心群では .17 個，中関心群では .43 個，高関心群では .63 個分だけ争点考慮数が増える。以上の分析から仮説 5-3 は支持された。

表 5.6 投票時における争点考慮数の規定要因（2 段階最小二乗モデル）

	低関心群	中関心群	高関心群
総情報量	.169	.429 ***	.628 ***
	(.187)	(.078)	(.112)
教育程度	.274	.324 ***	.264
	(.141)	(.076)	(.136)
後援会加入	.829 *	.321	.439
	(.373)	(.197)	(.372)
加入団体数	.165	.043	.119
	(.120)	(.070)	(.135)
政党支持強度	.383	.091	.208
	(.195)	(.106)	(.194)
（定数）	.972 **	1.502 ***	1.971 ***
	(.364)	(.242)	(.491)
N	244	1017	458
調整済みR^2	.058	.061	.104

括弧内は標準誤差.
*** $p<.001$; ** $p<.01$; * $p<.05$.
低関心群：「全く関心をもっていない」＋「ほとんど関心をもっていない」．中関心群：「多少は関心がある」．高関心群：「非常に関心がある」．
「総情報量」は内生変数．操作変数は「性別」「教育程度」「受動的情報チャネル接触ダミー」（連呼・候補者ハガキ・政党ハガキ・電話勧誘・選挙熱心な人の勧誘・近所の評判・友人等のすすめ・上役等のすすめ・労組推薦・仕事関係団体推薦・町内会等の推薦・その他団体推薦・後援会依頼）「年齢ダミー」（25-29・30-39・40-49・50-59・60-69・70-79・80-）「職業ダミー」（農業・商工業・管理職・専門職・サービス）「加入団体数」「後援会加入」「居住年数」「都市規模」「選挙関心」「政党支持強度」「支持政党ダミー」（民主党・公明党・共産党・自由党・社民党・その他・支持なし）．

5.3.3 政治的知識と選挙情報の交互作用に関する理論的検討

本節の分析によって，有権者の投票意図に対しては，政治的知識の豊富な人ほど選挙情報の効果が強く現れるという予測通り（仮説 5-2，仮説 5-3）の結果を得ることができた。これに対して，投票参加に対しては，予測（仮説 5-1）とはむしろ逆の結果となり，政治的知識の豊富な人ほど選挙情報の効果は弱いことが確かめられた。以上の結果を理論的に説明することが求められる。

「政治的知識量が豊富な人ほど選挙情報の効果が弱く現れる」という予測に反したメカニズムをどのようにして説明することができるであろうか。ひとつの可能性は，「すでにストックとして持っている情報について，改めて接触しても意味がない」という単純なメカニズムである。たとえば，選挙が行われること自体についての認知，あるいは，選挙で争っている主要政党が何々であるといった一般的な政治状況に関する情報は投票参加にとって直接的に必要となるし，そうした情報を獲得することによる関心の上昇もまた参加意欲を増進させる(Delli Carpini and Keeter 1996, 224-227)。ところが，政治的知識の豊富な人は，もともと一般的な政治状況や選挙日程といった単純な情報はストックとして持っている可能性が高いから，そうした情報にキャンペーンを通じて新たに接触しても，それによる新たな動員効果は期待できない。

以上のように，少なくともある状況下において，「政治的知識量が豊富な人ほど選挙情報の効果が弱く現れる」局面があることは理解できる。問題は，どのようなときに情報ストックが情報フローの効果を強め，また弱めるのかという点である。これを一般論として論じるのは非常に難しいが，ひとつの重要な要素は「当該情報が選挙期前にどの程度流通しているか」という点であると思われる。たとえば，選挙日程情報は選挙期前から広く流通しており，よって（それを知らないような）関心の低い人にしか投票動員効果はない。他方，候補者情報は選挙期外では関心レベルにかかわらず，あまり知られていないため，選挙期間中に得た情報を処理する能力が投票意図変動効果の大きさを定める。すなわち関心の高い人により効果は強く現れる。争点情報も

同様である。政党に関する情報は選挙期外にも比較的多く流通しており，選挙期間中にほとんど認知は増加しないが（図5.3，図5.4参照），選挙情報量が政党評価を変動させる効果は，次章で示すように，関心レベルの低い人により効果がある。

この論点をさらに深く追求するには，情報「量」だけでなく「内容」まで把握可能なデータが必要になってくると思われるが，本書ではストックについてもフローについてもその準備はない。いずれにしろ当面は，個別具体的な局面でどのような交互作用効果が現れるか確認する作業が必要であろう。理論の総合はその先の目標である。

5.4 小括

本章では，日本の選挙期間中に有権者が何を知るようになるのか，また選挙キャンペーンは有権者の投票参加や投票意図にどのような影響を与えているのか，という点について検討してきた。分析によって得られた知見は以下のとおりである。

1. 日本の短い選挙期間中においても，候補者や政策争点に関する情報は有権者に吸収されている。他方で，政党に関する情報の不確実性は選挙期間中にほとんど減少しない。
2. 選挙情報に対する接触は投票参加を促進する。この効果は政治関心の低い層ほど強い。
3. 選挙情報に対する接触は候補者要因をより重視した投票を促進する。この効果は政治関心の高い層ほど強い。さらに，選挙情報に多く接触した人ほど，政策や活動を評価して候補者に投票する傾向がある。
4. 選挙情報に対する接触は政策争点をより多く考慮した投票を促進する。この効果は政治関心の高い層ほど強い。

以上の結果から，日本においても選挙キャンペーンには政治関心のレベル

にかかわらず，何らかの効果が認められることが明らかとなった。とりわけ，近年の各種選挙における低投票率状況を鑑みれば，低関心層の参加を促すためにキャンペーンが活発に行われるべきことが示唆される点は重要である。第3章で見たように，政治関心度によって接触する選挙情報量には大きな差がある（図3.11参照）。投票率を高めるためには，関心の低い有権者にも選挙情報が浸透するように，接触に能動性が比較的必要とされないチャネルによるキャンペーン—たとえば候補者による選挙民への直接的な働きかけ—の活性化が求められよう。

　他方，関心の高い市民にとっては，選挙キャンペーンは「より多くの政治的情報を考慮して選択する」ことに貢献している。選挙情報を多く吸収した有権者は，より候補者のイメージや政策位置を評価することができ，しかもより多次元の争点について考慮しながら投票を決定する。Downs (1957, ch.7) は不確実性の状況下において，合理的市民は1次元のイデオロギーをショートカットとして投票すると仮定した。実際，多くの有権者は諸争点について幅広く考慮しているわけではなく，政党のイデオロギーを頼りとして投票を行っている(Popkin 1991)。しかしこのことは，情報を持っている市民が個別争点を考慮することが非合理的であることを意味しているのではない。Downs 自身仮定しているようにイデオロギーによる各争点の統合はゆるやかなものであり，また実際には，諸争点に対する立場を1次元軸上に位置付けられるわけでもない(Stokes 1963)。つまり，ショートカットを利用した投票には推論の精密性において限界があり，可能な限り多くの情報を動員して判断することがより有権者の「正しい判断」に資する。選挙キャンペーンは投票時の判断に利用できる情報を増加させているという点で，市民のより正確な政治的判断を促す機能を果たしているといえよう。

　最後に方法論上の問題として，パネル調査の選挙前調査を利用する際には「調査面接日」を考慮した分析が求められるという点を指摘しておきたい。第1節の簡単な分析で示したように，選挙期間中に候補者や争点の認知度は日々変化していく。有権者は研究者が従来考えてきたよりも，ずっと選挙情報に対して反応的であり，柔軟である。

第 6 章
政党支持の変動と政治的情報

本章では，日本における政党支持率の変動と政治的情報の関係について検討する。前章で示したように，選挙キャンペーンは有権者の投票時の意思決定を左右しているが，キャンペーンによる情報流通拡大の効果はそのような一時的なものに限られるわけではない。有権者の基本的な政治意識もまた長期的には変化するものであるが，政治過程全体において有権者の情報接触量が選挙時に特に増加することを考えれば，選挙がそうした態度変容の重大な契機となっている可能性は高い。ここでは，有権者の持つ代表的な政治意識である政党支持と選挙情報の関係について考えよう。

以下，第 1 節では日本における近年の政党支持率の推移を概観する。第 2 節では政党支持率の動きを説明する既存の理論について紹介し，その問題点を挙げる。第 3 節において，既存理論に代わる支持政党選択モデルを示し，そのモデルの妥当性について検証する。最後に，同モデルに基づいてシミュレーションを行い，近年の政党支持率変動の再現を試みる。

6.1 政党支持率の変動（2003-2004）

はじめに，近年の政党支持率の動向について概観しておこう。図 6.1 は，2003–04 年について，自民党支持率，民主党支持率，支持なし率の推移を示したものである（第 1 章の図 1.4 を再掲）。この 2 年間には衆院選と参院選が 1 回ずつ実施されている[110]。

---

[110] 衆議院選挙は 2003 年 11 月 9 日，参議院選挙は 2004 年 7 月 11 日に実施された。

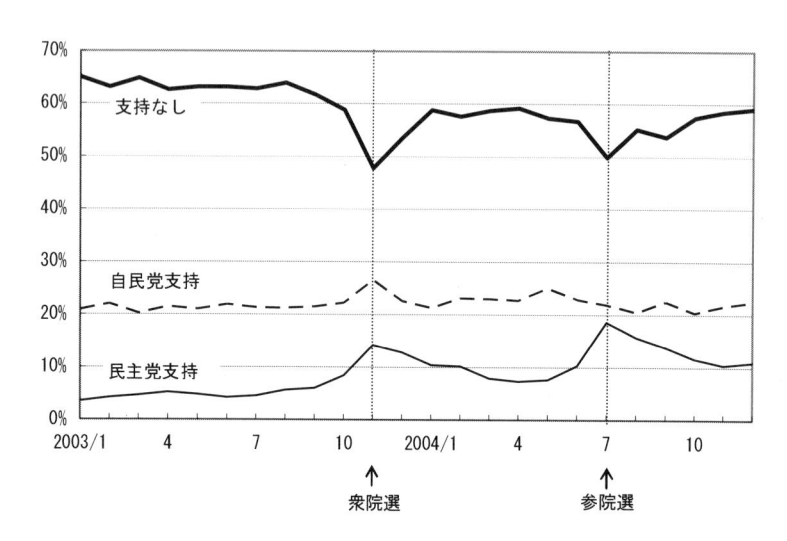

出典：『中央調査報』No. 544-567.

図 6.1 政党支持率の変動（2003-2004）（再掲）

図 6.1 からまず気付くことは，自民党支持率が比較的安定しているのに対し，民主党支持率と支持なし率の変動幅が大きいということである。民主党支持率と支持なし率はちょうど相補的な関係になっており，支持なしが減少するとき，その多くが民主党支持に流れていると見られる。

政党支持率の大きな変動が国政選挙を中心として起こっていることも明らかである。民主党支持率は各選挙の前の月あたりから増加を始め，選挙時をピークとして徐々に低下している。

また，民主党支持率は選挙のたびに高下するが，そのベースラインは徐々に上昇しているように見える。すなわち，民主党の安定的な支持者の数は時間とともに増加しているようである。

以下では図 6.1 で示された短期的な政党支持率変動を理論的に説明することが目標となるが，そのためにはミクロレベルで各有権者が政党支持を変容させるメカニズムについて理解する必要がある。日本人の持つ政党支持が（ア

メリカ人の政党帰属意識と比べても）変わりやすいという点についてはすでに指摘されており（三宅 1989, ch.3; 蒲島・石生 1998），政党支持が不安定な有権者のプロフィールについても明らかにされている[111]。では，各有権者は「いかなるメカニズムにしたがって」短期的に支持政党表明行動を変えているのであろうか．

6.2 政党支持率変動に関する既存研究

近年の日本における政党支持率の変動状況は以下の4点で特徴付けられる．

1. 国政選挙時に政党支持率は大きく変動する．
2. 自民党支持率はかなり安定している．
3. 民主党支持率は変動幅が比較的大きく，全体として上昇傾向にある．
4. 民主党支持率と支持なし率の変動は相補的な関係にある．

本節では政党支持の変動モデルに関する先行研究を紹介し，それによってこの動きを説明することが可能であるか検討する．

6.2.1 経済状況変動による説明

三宅（1985, 7）は政党支持を説明する主要な社会的・心理的要因として，(1)政治的社会化過程，(2)社会集団（特に職業集団・世代），(3)経済的生活意識，(4)政策意見・政治的イデオロギー，(5)政治的関心・シニシズムを挙げた．西澤（2001, 126）が指摘するように，このうち政党支持の短期的変動要因と見なしうるのは「経済的生活意識」である．

経済状況と政党支持（政党帰属意識）変動の関係を理論化した代表的な研究は，Fiorina (1981) によるものである．彼のモデルによれば，有権者は経

---

[111] 蒲島・石生 (1998) の分析結果によれば，1993年から96年にかけて，宗教団体に加入し，既成政党に対して好感情を持ち，政治満足度が高く，イデオロギー的に保守的で投票義務感が低い者ほど政党支持態度は安定していた．

済状況を含む過去の政府の業績を回顧的に評価して，自分の政党帰属意識を「更新」する。日本では，たとえば西澤（2001）が時系列モデルを用いて，有権者の主観的経済状況評価が自民党支持率に影響していることを示している。

しかしながら，業績評価理論によれば，有権者の与党評価と野党評価はトレードオフ関係にあるはずであり，自民党と民主党が「同時期に」支持を拡大している（少なくとも，民主党支持率が高まる時期に自民党支持率は低下していない）という現象を当理論のみによって説明することは困難である。

また，日本における実際の政党支持率は選挙を中心に変化しているのであって，経済状況による支持率変動は（あるにしても）選挙による変動よりもはるかに重要度が落ちるように見える。

6.2.2 前回選挙における投票行動結果の影響

選挙の実施と政党支持率変動の関係について，Markus and Converse (1979)のモデルでは$t-1$期の選挙における投票行動結果がt期の政党帰属意識を規定すると仮定されている。日本でも三宅（1989, 244）が，1983年の参議院選挙における投票方向が6ヶ月後の政党支持変動をある程度規定していることを確認している。こうした現象のメカニズムは必ずしも明らかではないが，三宅（1985, 319）によれば，特定の政党に対する投票は同党との「心理的接触」を生み，それによって支持度が強化されるという[112]。昨今の選挙において支持なし層は自民党よりも民主党に投票する傾向があるから[113]，この議論は民主党の支持率が選挙期により大きく上昇しているという現象とも整合的である。

しかしながら，第一に，以上の議論では民主党支持率が選挙実施の前月か

---

[112] 選挙後に各党支持率が高まるのは「支持政党」を「投票政党」のことであると理解している回答者が存在するからであるとの見方もある(西澤 1998)。
[113] 読売新聞社の出口調査によれば，2003年総選挙比例区では無党派層の21%が自民党，56%が民主党に投票した（『読売新聞』2003年11月10日付）。2004年参院選比例区では無党派の14%が自民党，51%が民主党に投票している（『読売新聞』2004年7月12日付）。

ら増加し始めていることを説明できない。第二に，選挙を通して高まった民主党支持率が，なぜすぐにまた低下してしまうのかという点も明らかではない。

6.2.3 日本の政党支持変動に関する他の説明

理論的な観点から日本における近年の政党支持率の動態を説明する研究は少ないが，例外として，前田 (2004) による研究がある。本章に関連する限りで彼の議論をまとめると以下のようになる。

1. 国政選挙時に政党支持率が上昇するのは，この時期に「選挙・政治関連の報道量が激増」するからである。
2. 自民党支持率が選挙時にあまり上昇しないのは，自民党が支持なし層を「引きつける力を現在は失っている」からである。
3. 民主党支持率が選挙時に大きく上昇するのは，有権者が「未知の対象に対しては一定の肯定的評価を与えることが多い」からである。また，民主党支持率が安定しないのは「漠然とした印象に基づいた期待が裏切られる時に支持率が急落するから」である。

前章までで明らかになったことは，有権者は政治情報に対して短期間に集中的に接触し，またその情報によく反応しているということである。前田の第一の主張のとおり，選挙期における各政党に関する情報量の急激な変化が短期的な支持率変動と関係している可能性は十分に考えられよう。ただし同論文では，情報量増加が支持率増加をもたらすメカニズムについて詳しくは触れられていない。本章ではこの点について明確なモデル化を試みる。

第二の主張についても，そのメカニズムの解明が十分ではない。部分的には自民党が（一部の有権者に拒否反応が強い）公明党と連立を組んだことによるという。しかし，自民党のベースラインとなる支持率は連立が開始された 99 年以降ほとんど低下はしていない。もし自公連立が弱い自民党支持者の同党からの離脱を招いているのであれば，選挙の有無にかかわらず自民党

支持率は低下していてよさそうである。

　この点に関連して前田は，自民党支持率が短期的にそれほど上下動しないのは「過去の実績という明確な判断基準が与えられた上での支持だから」であると述べている。「過去の実績が有権者に知られている」とは，すなわち「与党に関する情報は選挙に関係なく多量に流通している」ことを意味していると解釈すると，自民党支持率の安定性という現象は第一の主張と関連させて捉えることができる。次節で詳しく論じるが，有権者が自民党に関して持つ新しい知識の量は，選挙の実施によって民主党ほどには増加しないのである。

　前田の第三の議論は，まず「選挙時」という政治情報量の流通が増える時期に民主党支持が高まることの説明になっていない。未知の対象に対して肯定的評価が与えられるのであるとすれば，民主党について「既知」となる有権者が増加するはずの選挙期になぜ支持者が増えるのであろう。後半の指摘については，そもそも「政党に対する支持」と「政党に対する期待」がそれほど離れた概念ではないために，トートロジー的であるといえる。言い換えれば，選挙後にただちに民主党への「期待」なるものが急落するのはなぜであるかを説明する必要があろう。

　前田の議論は十分とはいえないものの[114]，示唆に富んだものである。以上の議論をふまえて，次節では政治情報量と政党支持表明の関係について理論化する。結論からいえば，そのモデルによって自民党支持率の安定性と民主党支持率の不安定性を同時に説明することが可能となる。

6.3 支持政党表明の理論

6.3.1 支持政党選択の不確実性モデル

　Enelow and Hinich (1981) は Downs (1957) の 1 次元空間モデルをもとに「候補者選択の不確実性モデル」を提示した。同モデルは有権者の持つ政

---

[114] 議論が不十分に終わっている最大の原因は紙幅の制限によるものであろう。また，前田は以上の主張について，実際にはかなり慎重な議論をしているということを注意しておく。

治情報量と投票行動（候補者選択行動）との関係を理論化したものであり，本章で関心のある「政治情報量と政党支持表明の関係」にとっても示唆的である。そこで，ここでは Enelow–Hinich モデルを支持政党選択に関するモデルとして応用しよう。

今，すべての有権者について，各政党が 1 次元の保革イデオロギー軸上のどこかに位置していると見ているものとする。各有権者は各党のイデオロギー位置を推定するが，その位置は推定者によってばらつきがあるとする。そこで政党 P_θ の（推定された）イデオロギー位置を確率変数 $\tilde{\theta}$ で表し，

$$\tilde{\theta} = \theta + \varepsilon_\theta, \ \varepsilon_\theta \sim (0, \sigma_\theta^2) \tag{6.1}$$

とする。ここで ε_θ は $\tilde{\theta}$ のランダム要素，θ は $\tilde{\theta}$ の期待値，σ_θ^2 は分散を表す。

つぎに，有権者 i が政党 P_θ から得る効用を以下のような $\tilde{\theta}$ の 2 次関数で定める。

$$u_i(\tilde{\theta}) = -(\tilde{\theta} - x_i)^2. \tag{6.2}$$

ただし，x_i は有権者 i 自身のイデオロギー位置を表す。このとき，$E[\varepsilon_\theta] = 0, E[\varepsilon_\theta^2] = V[\varepsilon_\theta] = \sigma_\theta^2$ に注意すると，有権者 i の得る期待効用は，

$$\begin{aligned}
E[u_i(\tilde{\theta})] &= E[-(\tilde{\theta} - x_i)^2] \\
&= E[-(\theta + \varepsilon_\theta - x_i)^2] \\
&= -\theta^2 - E[\varepsilon_\theta^2] - x_i^2 - 2\theta E[\varepsilon_\theta] + 2\theta x_i + 2x_i E[\varepsilon_\theta] \\
&= -(\theta - x_i)^2 - \sigma_\theta^2
\end{aligned} \tag{6.3}$$

となる。

今，政党が P_θ と P_ψ の 2 つのみであると仮定すると，有権者 i は $E[u_i(\tilde{\theta})]$ と $E[u_i(\tilde{\psi})]$ を比較し，大きい方の政党に支持を表明する（等しければラン

ダムに表明すると仮定する)。式(6.3)によれば，分散σ_θ^2が大きいほど，すなわちP_θに関する情報の不確実性が高いほどP_θに対する期待効用は低下する。したがって上のモデルにしたがえば，不確実性の高い政党(イデオロギー位置が有権者によく知られていない政党)は支持表明を受ける可能性が相対的に低くなる。

　Enelow–Hinich モデルをそのまま適用したのでは「支持なし」が選択される余地がないので，ここで，「イデオロギー距離の遠すぎる政党には支持を表明しない」という条件をモデルに加えることにしよう。すなわち「支持表明可能な閾値」パラメータを導入して，有権者iは，

$$\max\{E[u_i(\widetilde{\theta})], E[u_i(\widetilde{\psi})]\} > \tau \tag{6.4}$$

のときにのみ，いずれかの政党に支持を表明するものとする。τは支持の表明に十分な効用の閾値で，有権者間で共通の値であると仮定する。まとめると有権者iは，

- $E[u_i(\widetilde{\theta})] > E[u_i(\widetilde{\psi})]$ かつ $E[u_i(\widetilde{\theta})] > \tau$ のとき，政党P_θを支持

- $E[u_i(\widetilde{\theta})] < E[u_i(\widetilde{\psi})]$ かつ $E[u_i(\widetilde{\psi})] > \tau$ のとき，政党P_ψを支持

- $E[u_i(\widetilde{\theta})] = E[u_i(\widetilde{\psi})] > \tau$ のとき，政党P_θかP_ψをランダムに支持

- それ以外のとき，支持なし

となる。

　支持可能閾パラメータτの導入は，三宅一郎による「政党支持の幅」に関する一連の実証研究によって正当化される。三宅によれば「人々の支持態度には閾があり，その閾の中に入った政党は支持政党となるチャンスがある」(三宅 1989, 115)。閾値パラメータの導入がマクロレベルでの政党支持率変動にどのような影響を与えているのか，という点が本章の文脈では重要であるが，結論を先に述べれば同パラメータは各党支持率の絶対的な大きさと変動の安定性を規定している。この点は後のシミュレーションによって明らか

になるであろう。

6.3.2 支持政党表明に与える情報フロー量の効果

上のモデルにおいて $\sigma_\theta^2 \neq 0$ として $K_\theta \equiv \dfrac{1}{\sigma_\theta^2}$ とおくと，K_θ は不確実性の高さを示す σ_θ^2 の逆数であるから，政党 P_θ に関する情報の保有度を表すものと考えることができる。そこで K_θ を，政党 P_θ に関する情報ストック量（つまり「P_θ に関する政治知識量」）と見なすことにする。

新たな政治情報の流通（情報フロー）は，情報ストック量の大きさを左右すると考えられる。一般的な情報フローと情報ストックの動的関係は，図6.2に示されている（詳しい議論は第1章参照）。

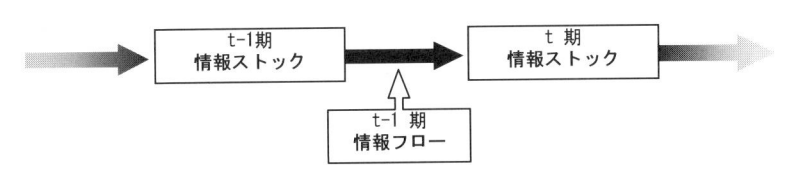

図6.2 情報フローと情報ストックの関係（再掲）

今，$K_{\theta,t}$ を t 期における政党 P_θ に関する情報ストック量とし，これは $t-1$ 期における政党 P_θ に関するストック量 $K_{\theta,t-1}$ および情報フロー総量 I_{t-1} の関数であるする。ここで $K_{\theta,t}$ は I_{t-1} の増加関数とする。すなわち，

$$\frac{\partial K_{\theta,t}}{\partial I_{t-1}} > 0 \tag{6.5}$$

を仮定し，有権者 i は，他の条件を一定とすれば，キャンペーンを通して新情報を得るほど，政党 P_θ に関する知識を増加させるものとする。

さらに，もともと政党 P_θ に関する知識 $K_{\theta,t-1}$ を豊富に持っている有権者ほど，他の条件が一定であるとすれば，接触した情報 I_{t-1} から吸収できる新知

識量は少ないと考えられる。すなわち，$K_{\theta,t}$ の限界増加率 $\dfrac{\partial K_{\theta,t}}{\partial I_{t-1}}$ は $K_{\theta,t-1}$ の減少関数であると想定できるから，

$$\frac{\partial}{\partial K_{\theta,t-1}}\left(\frac{\partial K_{\theta,t}}{\partial I_{t-1}}\right)<0 \tag{6.6}$$

であるとする。

以上の条件の下で，t 期の期待効用 $E[u_t(\widetilde{\theta})]_t \equiv U_{\theta,t}$ を I_{t-1} および $K_{\theta,t-1}$ の関数と見ると，$U_{\theta,t}$ に与える $t-1$ 期情報フロー量 I_{t-1} の限界的効果は，

$$\begin{aligned}\frac{\partial U_{\theta,t}}{\partial I_{t-1}} &= \frac{\partial}{\partial I_{t-1}}\left(-(\theta-x_i)^2-\frac{1}{K_{\theta,t}}\right) \\ &= -\frac{\partial}{\partial I_{t-1}}\left(\frac{1}{K_{\theta,t}}\right) \\ &= \frac{1}{K_{\theta,t}^2}\frac{\partial K_{\theta,t}}{\partial I_{t-1}}\end{aligned} \tag{6.7}$$

で与えられるが，式(6.5)よりこれは正である。すなわち，新情報の取得は各政党に対する期待効用を増加させる。したがって，他の条件が等しければ，接触する新情報量が多いほど，有権者 i がいずれかの政党に対して支持を表明する可能性は高くなる。

また $U_{\theta,t}$ の限界増加率 $\dfrac{\partial U_{\theta,t}}{\partial I_{t-1}}=\dfrac{1}{K_{\theta,t}^2}\dfrac{\partial K_{\theta,t}}{\partial I_{t-1}}$ は，式(6.6)によって $K_{\theta,t-1}$ の減少関数である。すなわち，もともと情報ストックの多い政党（よく知っている政党）に対する評価は新情報によってあまり影響を受けず，ストックの少ない政党（よく知らない政党）ではその影響がより大きくなる。

6.3.3 若干の検証

　上記モデル全体の妥当性を評価することは，データの制約上今回は困難である。ここでは理論の核となる部分について確認したい。明るい選挙推進協会のデータを利用して，自民党，民主党に対する支持と選挙情報量の関係について分析してみよう。

　上の理論が示唆することは第一に，選挙情報に対する接触は各政党に対する支持表明を一般に促し，しかも，もともと有権者によく知られている自民党にとってその効果は民主党よりも弱いということである。図 6.3 は選挙情報接触量と各党支持率の関係について示したものであるが，明らかに，両政党ともに選挙情報に多く接触したグループ[115]のほうが高い支持表明率を示しており，しかもその関係は民主党のほうが強い。

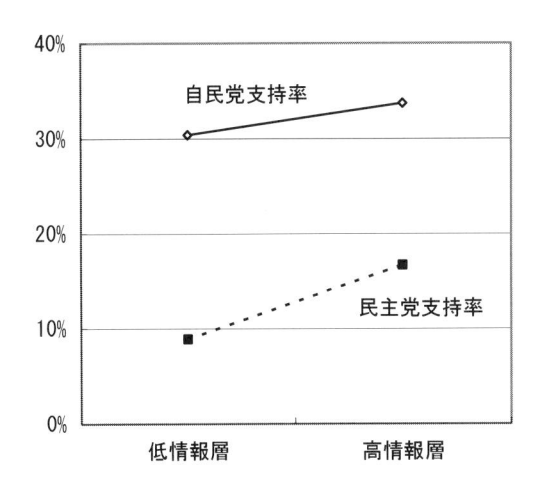

図 6.3 政党支持率と選挙情報量の関係

　第二に，上記理論が正しければ，自民党支持表明についても，同党に関する知識が乏しい人に関しては選挙情報接触が正の効果を持つはずである。こ

---

[115] 「高情報層」は選挙情報量が .1 以上のグループ。

のことから，一般的に政治知識量が乏しい人は自民党に関する知識にも乏しく，それゆえ選挙情報に接触するほど支持を表明する確率は高まると予想できる。図 6.4 は（政治知識量の代理変数である）政治関心のレベルを 2 つに分けて選挙情報量の効果を示したものであるが，予想通り，自民党は関心が低い層にのみ選挙情報の支持表明促進効果を確認できることが分かる。他方，民主党では政治関心の高さに関係なく効果が存在している。一般的に政治に関して知識を多く持つ人であっても，民主党については，選挙期外にはそれほどよく理解していないことが示唆される。

以上の結果は，他の変数をコントロールしても基本的に変わらない。表 6.1 は，自民党支持，民主党支持（支持=1，不支持=0）をそれぞれ従属変数としたロジットモデルの推定結果である。独立変数としてモデル 1 では社会的属性と選挙情報量を，モデル 2 ではそれに加えて政治関心度および選挙情報量と政治関心度の交互作用項を投入した[116]。

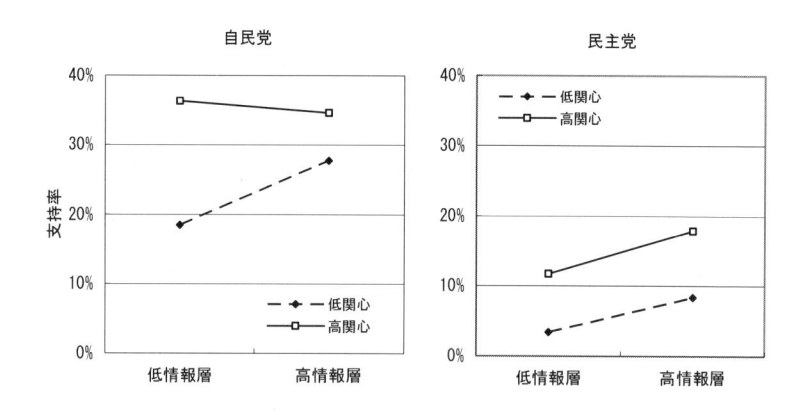

図 6.4 政党支持率と選挙情報量の関係（関心レベル別）

---

[116] 第 3 章では選挙情報量は政党支持強度の関数であると見ていた。したがって厳密にはモデルは同時方程式として推定されるべきであるが，その点は今後の研究課題としておきたい。

表 6.1 各政党に対する支持表明の規定要因（ロジットモデル）

	自民党支持		民主党支持	
	モデル1	モデル2	モデル1	モデル2
選挙情報量	.046 (.033)	.473 ** (.162)	.187 *** (.038)	.763 *** (.194)
政治関心		.357 *** (.103)		.692 *** (.148)
情報量×関心		-.135 ** (.048)		-.185 ** (.058)
性別	.338 ** (.119)	.284 * (.121)	.381 * (.164)	.280 (.166)
年齢	.302 *** (.042)	.281 *** (.043)	-.080 (.050)	-.130 * (.053)
教育程度	-.011 (.059)	-.032 (.060)	-.004 (.074)	-.053 (.075)
居住年数	.277 *** (.070)	.284 *** (.070)	-.049 (.073)	-.039 (.074)
都市規模	-.270 *** (.045)	.269 *** (.045)	.154 ** (.058)	-.153 ** (.058)
職業[a]				
農林漁業	1.143 *** (.265)	1.095 *** (.265)	-.924 (.544)	-1.003 (.545)
商工業	.413 * (.181)	.363 * (.182)	-.083 (.262)	-.163 (.263)
管理職	-.387 (.330)	-.408 (.330)	.234 (.383)	.202 (.382)
専門職	.017 (.201)	-.039 (.202)	.131 (.259)	.044 (.261)
サービス業	-.025 (.215)	-.048 (.216)	.024 (.285)	.005 (.286)
運輸業	.055 (.215)	.012 (.216)	-.184 (.308)	-.232 (.309)
学生	.641 (.559)	.617 (.560)	.158 (.552)	.119 (.558)
主婦	.100 (.180)	.063 (.182)	.524 * (.252)	.455 (.255)
(定数)	-4.465 *** (.426)	-5.340 *** (.499)	-1.453 ** (.482)	-3.127 *** (.622)
N	2250	2176	2250	2176
log lokelihood	-1221.592	-1211.421	-834.930	-821.613

括弧内は標準誤差.
*** p<.001; ** p<.01; * p<.05.
a: レファレンスグループは「無職」.

モデル1の結果によれば，自民党支持に対しては選挙情報量は有意な効果を与えていないのに対して，民主党支持に対しては有意な正の効果を与えている。この結果は独立変数としてさらに政治関心度を加えても維持される。

他方，選挙情報量と政治関心度の交互作用項を加えたモデル2の結果は，自民党支持であれ民主党支持であれ，選挙情報量は支持表明に有意な正の効果を与えていることを示している。また交互作用項はいずれの党の支持表明に対しても有意な負の効果を与えている。すなわち，(1)基本的に選挙情報に対する接触は各党に対する支持表明確率を上昇させる，(2)政治関心の高い人ほどその効果は弱い，という2点が明らかとなった。

選挙情報量の効果をより明瞭に示すため，モデル2にもとづいて各政党支持の変動を関心レベルごとにシミュレートしてみた（図6.5）[117]。その結果によると，自民党支持に対しては低関心層にのみ選挙情報量の効果が見られるのに対し，民主党支持に対しては高関心層においても（相対的に弱いものではあるが）効果を認めることができる。

---

[117] 「男性」「無職」「他の属性について標本平均」を仮定し，政治関心レベル1とレベル4の場合についてシミュレートした。

第6章 政党支持の変動と政治的情報　177

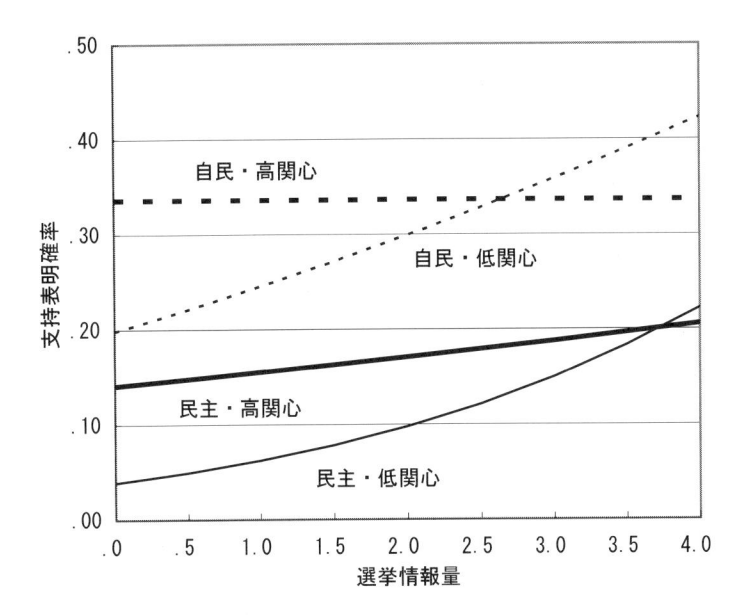

図6.5 各党への支持表明確率と選挙情報量の関係（シミュレーション）

6.3.4 シミュレーション

　上のモデルをもとに，有権者にイデオロギー位置がよく知られている政党 P_L と，それと比較して位置がよく知られていない政党 P_D の支持率変動をシミュレートしてみよう。存在する政党は P_L と P_D のみであると仮定し，有権者（100人）は各期ごとに「P_L 支持」「P_D 支持」「支持なし」のいずれかを表明するものとする。

　イデオロギー位置は[0, 1]上の値を取りうるとし，有権者によって認識される P_D の位置を $\widetilde{D} = D + \varepsilon_D, D = .4$，$P_L$ の位置を $\widetilde{L} = L + \varepsilon_L, L = .6$ であると仮定する。また各有権者のイデオロギーの理想点として[0, 1]の範囲でランダムに値を与える。

つぎに各政党に関する各期の情報ストック量 $K_{L,t}, K_{D,t}$ ($t=1, 2, \cdots, 20$) の値を，図6.6のように外生的に与える[118]。

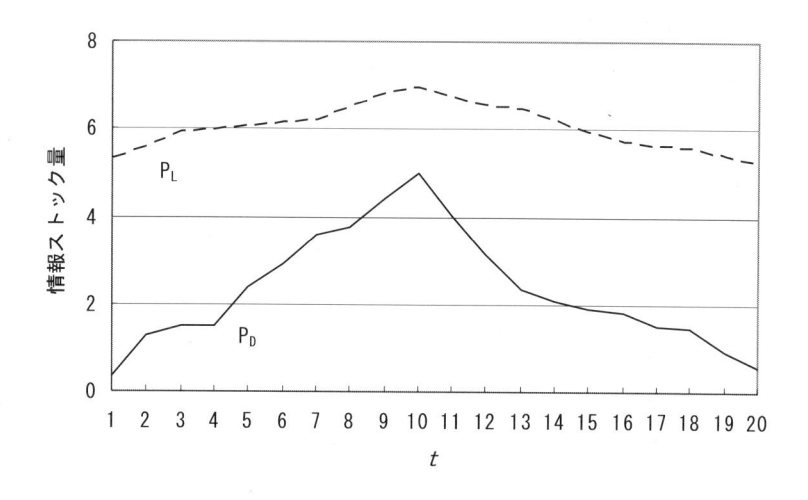

図6.6 　P_L と P_D に関する情報ストック量の推移

ここで仮定しているのは，P_L に関して有権者が持つ情報ストック量は基本的に P_D よりも多く，当該期間内において P_D のほうがより大きな幅でストック量を増減させるということである。ここまで情報ストック量の減少局面につ

---

[118] $K_{D,t}$ に関しては，[0, 1] の範囲で 10 個 ($r_{D1}, \cdots r_{D10}$)，[-1, 0] の範囲で 10 個 ($r_{D11}, \cdots r_{D20}$) の一様乱数を発生させ，$K_{D,t} = \sum_{n=1}^{20} r_{Dn}$ で与えた。$K_{L,t}$ に関しては，[0, 1] の範囲で 10 個 ($r_{L1}, \cdots r_{L10}$)，[-1, 0] の範囲で 10 個 ($r_{L11}, \cdots r_{L20}$) の一様乱数を発生させ，$K_{L,t} = 5 + \frac{1}{3}\sum_{n=1}^{20} r_{Ln}$ で与えた。すなわち P_L は P_D よりも基本的に 5 だけよく有権者に知られており（ストック量が多く持たれており），ストック量の増減の幅は3分の1であると仮定している。

いてはまったく議論していないが，情報フローの流通量が減少するとストック量もまた減少する（つまり，「政治に関する知識を忘れる」）とここで仮定しておく。また，第 10 期において選挙が実施され，両党についての情報ストック量が最も高くなることを想定している。

ここで t 期における P_L と P_D に対する期待効用差は

$$E[u_t(\tilde{L})]_t - E[u_t(\tilde{D})]_t = -(L-x_i)^2 - \sigma_{L,t}^2 - (-(D-x_i)^2 - \sigma_{D,t}^2)$$
$$= -(.6-x_i)^2 + (.4-x_i)^2 - \frac{1}{K_{L,t}} + \frac{1}{K_{D,t}} \quad (6.8)$$

で与えられ，この符号によって有権者 i の支持方向は定まる（正ならば P_L，負ならば P_D）。期待効用の高いほうの政党を P_S ($S = L$ or D) とすると，

$E[u_t(\tilde{S})]_t > \tau$ のとき i は「P_S 支持」を表明する。

例として，図 6.7 に $\tau = -.04$ に設定した場合のシミュレーション結果を示した。P_L の支持率は期間中ほとんど変動していない。他方，P_D は選挙期（$t = 10$）を中心に急激に支持を増減させている。また P_D 支持率と支持なし率は相補的な関係になっている。

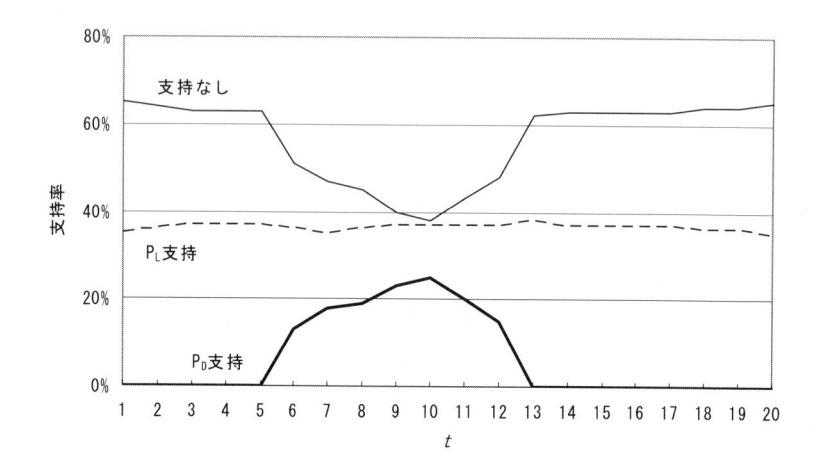

図 6.7 P_L と P_D の支持率の推移（$\tau = -.04$）

　以上のような2党の支持率の推移は τ の値を変えても基本的に維持されるものであるが，これは実際の政党支持率の推移（図 6.1）をきわめてよく近似している。すなわちシミュレーションの結果は，本章で提示した支持政党表明モデルの妥当性を示すものである。

　本章のモデルのひとつの特徴は「支持表明可能な閾値」を考慮した点にあった。そこで最後に，閾値パラメータ τ の値を変化させることで，その導入の意味について検討しておこう。図6.8は5段階の τ 値を設定し，それぞれについて P_L の支持率変動を示したものである。この図から分かることとして，第一に，τ は各党支持率の全体的な大きさを規定している。τ 値が大きいほど P_L 支持率は全体として低くなっており，図に示していないが P_D 支持率も同様である。第二に，τ は各党支持率の安定性を規定している。特に τ が小さいとき（-.20 のとき）P_L には非選挙期（最初と最後）に支持の「上積み」があり，支持率変動は τ が大きいときと比較して不安定である。

　τ が大きいとき有権者が政党を支持する基準は厳しいものとなるから，支持なしがその分多く現れる。τ が小さいとき，政治情報の流通量が少ない時

期にはもともと有権者によく知られている政党にアドバンテージがある。これは，有権者は「確実性が高い」という理由で（イデオロギー距離が離れているとしても）よく知られている政党を支持する傾向があると仮定したからである。政治情報の流通量が増える選挙期にはそうしたアドバンテージは消え，その党から支持は離れる。

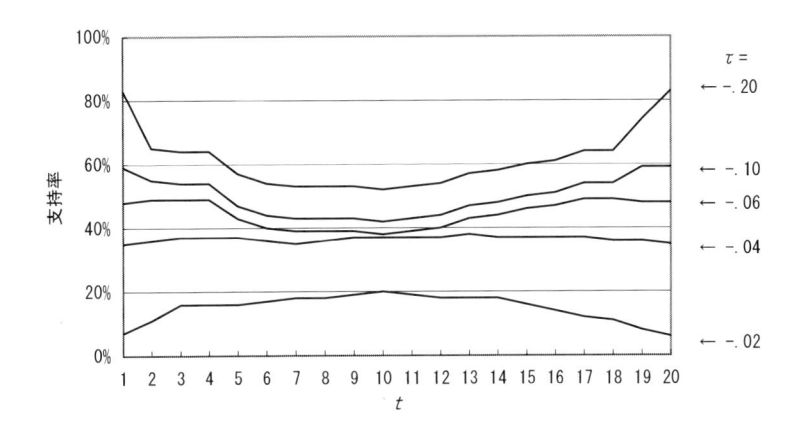

図 6.8 閾値パラメータと P_L 支持率の関係

以上の考察から，有権者がある程度の大きさの支持表明可能な閾値，すなわち「政党支持の幅」を持っているということが，「よく知られている政党」自民党の支持率安定に寄与していると結論付けることができる。ミクロレベルにおける「政党支持の幅」の存在が，政党支持率のマクロ変動に影響を与えていると見られることは非常に興味深い。

6.4 小括

本章では，近年の日本における各政党支持率の推移を示し，その変動を説

明するミクロレベルの支持政党表明理論について議論した。

　本章のモデルによれば，有権者は各政党と自分自身の政策距離を評価し，それがより小さい政党に対して支持を表明する。ただし各党の政策の評価にはある程度の不確実性が伴い，不確実なほどその政党に対する評価は低下する。また，有権者が許容する政策距離には限界があり，その限界を超える政党に対して支持が表明されることはない。

　以上のようなモデルをもとにシミュレーションを行ったところ，現実の政党支持率変動をかなりの程度再現することができた。すなわち，各党に関する情報量が最も多くなる時点（選挙時）を中心に，各党支持率は上昇し，支持なし率は減少する。そして支持率が大きく上昇するのは，選挙時により多くの新情報が有権者に吸収される政党（つまり普段比較的知られていない政党）である。

　日本では並立制採用以降，二大政党化が進展しつつあると見られるが，自民党と民主党という二大政党の置かれた状況は非対称的なものである。伝統的に政権与党であった自民党は有権者によく知られており，選挙にかかわりなく支持率は安定している。比較的に新しい政党である民主党はそれに比べてあまり知られておらず，選挙を中心に支持率が大きく高下する。実際，2週間足らずという短い期間のキャンペーン情報によって，これだけ支持率が変動するというのは驚くべきことである。

　政党支持率の長期的なトレンドを見ると（図6.1），民主党支持率のベースラインは徐々に上昇しているようである。上の理論を前提とするならば，このことは，有権者が民主党に関する知識を徐々に蓄積しつつあるということを意味している。このまま政党システムが二大政党制として安定し，民主党が自民党同様に広く知られるようになれば，民主党支持率は長期的には相対的に高い位置で安定すると予測できる。これは同時に，支持なし率の低下を意味する。

　本章では，選挙キャンペーン情報が有権者の政治意識に対して与える影響について検討した。前章で見たように，選挙キャンペーンは有権者の投票時の意思決定を左右しているが，キャンペーンによる情報流通拡大の効果はそのような一時的なものに限られるわけではない。選挙は有権者の基本的な政

治意識を変化させる重要な契機となっているのである。

補論 1　イデオロギー，政党支持，政治的情報量

Delli Carpini and Keeter (1996, ch.6) は，政治的知識が豊富な人ほど自己の選好を明確に理解し，より適切な候補者を選ぶことができると主張している。図 6.9 は，高知識層の有権者が，自分のイデオロギーに対応した候補者に投票しているのに対し，低知識層の有権者はイデオロギーにそれほど関係なく投票候補を決定していることを示している。

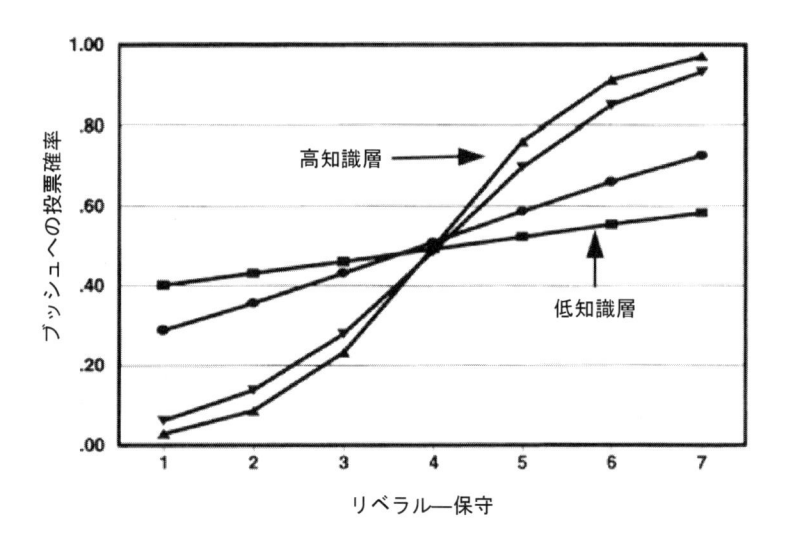

出典：Delli Carpini and Keeter (1996, 258)

図 6.9　ブッシュ候補に対する投票確率（1988 年米大統領選挙）

同様の現象は，情報のストック面ではなくフロー面においても確認することができる。すなわち，選挙期間中に情報フローを多く得た人ほど，イデオロギーと支持政党の関係がより明確に現れる。図 6.10 は選挙情報量レベル別に有権者のイデオロギーと民主党支持率の関係を見たものであるが，「低情報層」のほうがグラフの傾きが水平に近く，よってイデオロギーと政党支持の関係が相対的に弱いことが分かる。選挙期間中にキャンペーンに多く触れた

有権者は民主党に関する知識を増加させ，自分の選好により整合的な支持表明を行っていると見られる。

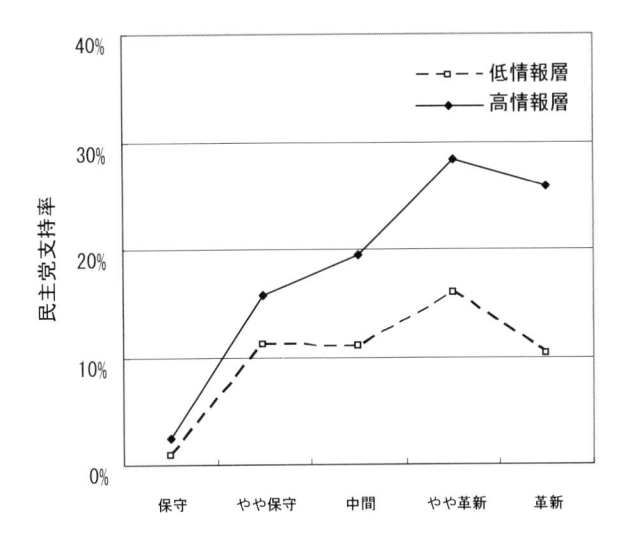

図6.10 保革イデオロギーと民主党支持率の関係

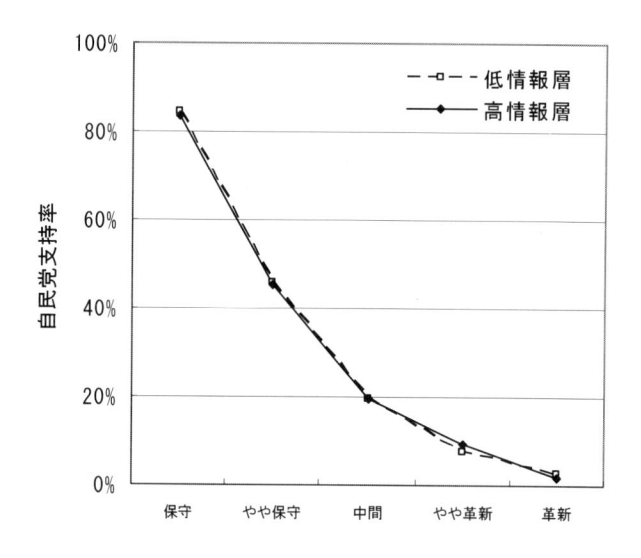

図 6.11 保革イデオロギーと自民党支持率の関係

ここで重要なことは，以上のような情報フローの効果は自民党支持の場合には見られないということである。図 6.11 は図 6.10 と同様の分析を自民党の場合について行ったものであるが，ここでは高情報層と低情報層でイデオロギーと政党支持の関係性にほとんど違いがないことが分かる。本論でも議論したように，有権者はふだんから自民党情報を豊富に持っており，その分彼らの自民党に関する知識が（キャンペーン接触量にかかわらず）選挙期間中にそれほど増加することはない。こうした状況が図 6.11 にも現れているのではないかと見られる。

補論2　「政党情報」の流通について

本章のモデルでは，有権者が選挙キャンペーンを通して各政党を評価するのに必要な情報を得ていることを仮定している。これに対して第5章では，日本の選挙期間中には各政党に関する有権者の認知度がほとんど変化していないことが示されていた（図5.3・図5.4）。したがって，本章の議論を正当化するためには，有権者が吸収する選挙情報と政党評価の関係についてさらに議論する必要があるであろう。

ひとつの可能性としては，候補者や争点に関する新情報の吸収が，有権者の政党支持変動に貢献しているという議論がありえる。第5章において，有権者が候補者や選挙の争点に関する情報をキャンペーンから実際に得ていることが明らかした。こうした情報が間接的に政党評価にむすびついているのかもしれない。たとえば候補者情報の吸収が候補者評価に影響し，それによって政党評価も左右されているということは考えられる。

第二に，キャンペーン情報によって有権者の選好が明確化した結果（Gelman and King 1993），政党評価が変動しているという可能性も想定できる。すなわちキャンペーンは候補者や政党といった政治的対象に関する知識を増加させるというよりも，有権者に自分自身の政治的態度を明らかにさせるという点により大きな意味があるのかもしれない。この議論が正しければ，本章の政党支持変動モデルには修正が必要となる。

第三に，そもそも政党支持は選挙期に変動しているとしても，それはキャンペーン情報によるものではないという議論も当然ありうる。この立場に立つ場合，政党支持率変動が選挙前から始まっていること，民主党支持が自民党支持よりも変動幅が大きいこと，情報流通量が乏しいと見られる地方選時（2003年4月）において各党支持率がほとんど変化していないことといった現象を整合的に説明する別のモデルが必要となるであろう。

# 第 7 章
政治的情報と選挙過程

本書の目的は，現代日本の選挙過程における政治的情報の流れを実証的にモデル化し，その情報が有権者の政治的判断や選挙行動にどのような影響を与えているのか明らかにすることであった。この問題関心の政治学的重要性について第 1 章で議論した後，第 2 章から第 6 章にかけては，先行研究の問題点を指摘しながら実証分析を重ねてきた。最後に本章では，本研究によって得られた主要な知見について総括し，そこから導かれるインプリケーションについて述べたい。

7.1 知見の総括と含意

7.1.1 日本の選挙過程における情報の流れと有権者の「情報環境」

本研究の第一の課題は，「選挙時において，市民はどのようなルートからどのくらいの選挙情報を得ているのか」という点について明らかにすることであった。この点に関して，まず第 2 章で先行研究の提示する情報フローモデルを検討し，第 3 章で現代日本の選挙過程における情報フロー構造を調査データ分析により明らかにした。

先行文献の情報フローモデルは，アメリカ大統領選をモデルに構築されたものであるために，必ずしも日本の状況を適切に記述するものではない。第 3 章の分析結果によれば，先行研究の注目するマスメディアルートとパーソナルルートのみならず，直接キャンペーンルートも日本の選挙では有権者の重要な情報源であることが分かった（図 7.1）。これは，単に接触の「有無」

だけではなく情報「量」というより精密な指標から見ても同様である。とりわけ候補者情報の流通に関して，また政治的関与の低い層にとっては直接キャンペーンルートの役割が大きいと見られる。重要なことは，この結果がマスメディア報道が比較的に多いと考えられる総選挙において導出された点である。地方選挙の場合マスメディアによって流される情報量はより少なく，したがって有権者の情報源として，エリートによる直接的な選挙運動の役割が一層大きいであろうと考えられる。

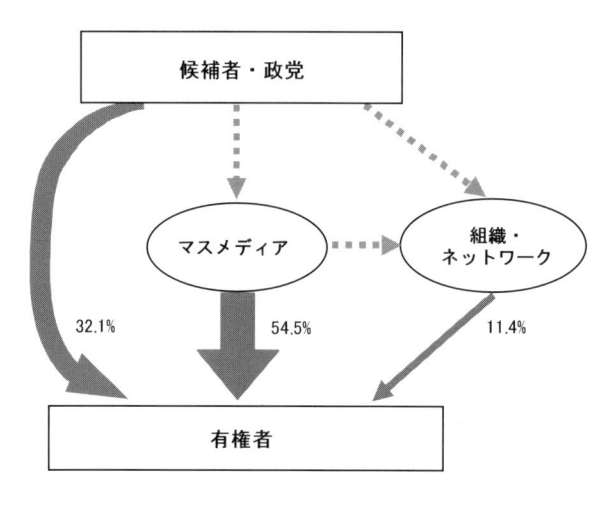

3ルートに分類していない情報量が2.0%分ある（表3.3参照）．

図 7.1 推定された選挙情報フロー構造（再掲）

以上の知見は，単にコミュニケーションモデルを精緻化したにとどまらない意義を持っている。すなわち，日本の有権者が取り囲まれている「情報環境」を捉える際には，マスメディアや社会ネットワークを通した情報だけではなく，候補者・政党の直接的な選挙運動によってもたらされる情報についても考慮する必要があるという点が重要な含意となる。直接キャンペーンルートを無視することは，量的な意味で有権者の得る政治情報の程度を捉え損

ねるのみならず，発信者や伝達ルートによって情報内容にはバイアスがあるから，質的な意味においても理解を誤らせるのである。個々人の情報環境が選挙行動に影響を及ぼしているのだとすれば(Huckfeldt, Beck, Dalton and Levine 1995; 飽戸 2000b; Beck, Dalton, Greene and Huckfeldt 2002)，以上の点は投票行動論にとっても重要な問題となる。

ただし，本研究では情報「量」について扱ってきたけれども，各情報源の質的な差異について検証することは今後の課題である。直接キャンペーンルートを含めた各情報源の政治的バイアスがいかなるものであるのか，またそのバイアスが市民の政治的判断にいかなる影響を与えているのか，さらなる研究が求められる。

7.1.2 選挙情報の偏在と情報格差の累積的構造

情報格差拡大の螺旋モデル

本研究の第二の課題は，「どのような市民がより選挙情報に接触するのか」という点を明らかにすることであった。第3章の分析結果によれば，他の変数をコントロールしてもなお接触情報量に有意な差をもたらしている変数は，教育程度，加入団体数，後援会加入，政治関心，政党支持強度であり，これらはすべて正の方向に影響を与えている。

以上の知見から，有権者間の政治的知識量（ストック）と選挙情報量（フロー）の格差要因は重なり合っていることが明らかとなった。すなわち政治過程全体から見て，選挙期に政治的情報が集中的に流通しているのだとすれば，市民間の情報格差は選挙過程を中心として累積的傾向を示している。特に重要な属性は教育程度と政治関心である。教育水準や関心の高い人，つまり政治的知識がもともと豊富な人ほど，選挙を通して政治情報を多く得ており，それが一層大きな政治的知識量の格差を生んでいる。

政治的情報が市民の政治参加を促し政治的判断の質を高めているのであるとすれば，規範的に重要な問題となるのは，社会経済的地位による政治情報量格差の動態である。ここで本研究の知見をもとに，「情報格差拡大の螺旋モデル」を提示しておこう（図7.2）。このモデルにおいて，社会経済的地位の

高い層（高 SES）は，基本的にある程度以上の政治的知識量を持っており，選挙を経るたびにより多くの政治情報に接触してその知識を豊かにしていく。社会経済的地位の低い層（低SES）は，もともと政治的知識を多く持っておらず，選挙を通してもそれほど知識が増加することはない。そして選挙を経るごとに，両者の情報保有量格差は徐々に拡大していくのである。

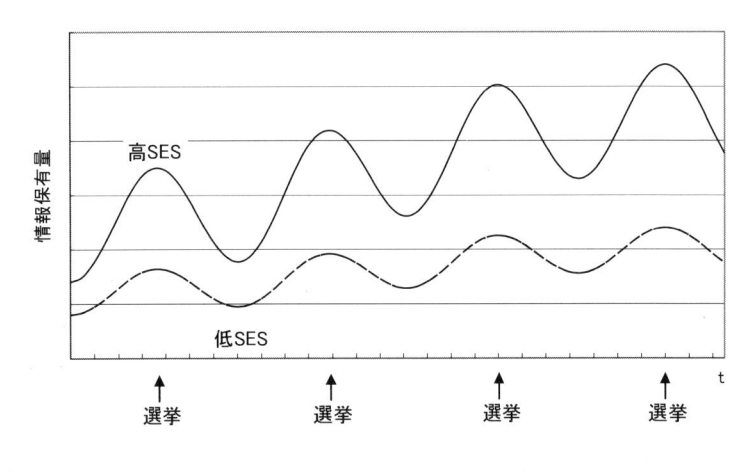

図7.2 情報格差拡大の螺旋モデル

螺旋モデルには多くの（未検証の）仮定が前提されている。たとえば，一度保有した政治的知識について「忘れる」メカニズムについて本書では一切触れていない。政治知識量が年齢とともに単調増加するものであるとは考えられないが，選挙間にどの程度知識が失われるのかという点はまったく不明である。また，図7.2においては社会経済的地位の高い層が永続的に高い情報獲得力を持っていることを仮定してあるが，実際には知識量の絶対レベルが高まるにしたがって，選挙による知識増加幅は逓減していく可能性が高い（図7.2はしたがって，知識レベルが一般的に低い若年層の場合により適合するはずである）。以上の点を含め，情報格差構造の動態について検証すべき問題は，いまだ多数残されている。

各情報ルートの機能

　第3章の分析はまた，情報格差の構造が情報ルートごとに異なったものであることを示している。すなわちマスメディアルートでは「教育程度，加入団体数，政治関心」が，直接キャンペーンルートでは「加入団体数，後援会加入，政治関心，政党支持強度」が，パーソナルルートでは「加入団体数，後援会加入，政党支持強度」が選挙情報量にそれぞれ有意な正の効果を与えている。

　重要なことは，社会経済的地位（教育程度）によって情報量に差があるのはマスメディアルートにおいてのみであるということである。もともと政治的知識の豊かな高い教育水準にある人ほど選挙期にマスメディアを利用し，より多くの政治情報に触れることで知識を一層増加させている。

　これに対して，パーソナルルートと直接キャンペーンルートは有権者間の情報格差の是正に寄与している。これらのルートに帰属する情報チャネルは接触にそれほど高い能動性を必要としないものが多く，実際，政治的関与の低い人ほどこれらのルートに情報を依存している。特に，情報量の観点から見てパーソナルルートよりも直接キャンペーンルートの役割が大きいことを考えれば，低関心層の貴重な情報源としてエリートによる選挙区レベルでのキャンペーン活動を評価しなければならない。街宣車による候補者名の連呼といった地道な選挙運動は年々衰退しつつあるが（第5章図5.10 参照），こうした傾向は市民間の情報格差を今後さらに拡大させることになるはずである。

7.1.3 選挙過程におけるインターネット普及の意義

　第三の課題は，「従来型の選挙情報フロー構造に対して，インターネットの普及がいかなるインパクトを与えうるか」という問題について検討することであった。より具体的には「インターネットはエリート間の情報提供力の格差を縮小するのか拡大するのか」，「インターネットは有権者間の情報格差を縮小するのか拡大するのか」という2点が問題となる。

第 4 章の分析によれば，普及者のなかでは社会経済的属性がインターネット上の政治情報接触に与える直接的な効果はほとんどない。しかしながら，インターネット情報接触はインターネット「外」接触情報量に規定され，また第 3 章で示したようにインターネット外から政治情報を多く吸収しているのは比較的教育程度の高い有権者であるということから，教育水準はネット外情報量を経由して間接的にネット情報接触量の格差を生んでいると見ることができる。以上のことから，今後デジタルデバイドが克服されたとしても，社会経済的地位による市民間の情報格差が縮小することはないと考えられる。

　また，インターネット上で利用者に主体的に接触されるのは，もともと支持者が多く，選挙で比較的有力であり，手掛かり情報がネット外で多い勢力の情報である。ネット広告やポータルサイト上の情報のように偶然的に接触されるネット情報も比較的有力な勢力のものに限られる。以上のことから，相対的にメジャーな政治勢力の情報ほどネット上でも比較的流通量が多いこと，したがって，インターネット普及はエリート間のリソース格差を結果として拡大させる可能性が高いことが示唆される。

　以上の知見は，インターネットの普及が市民間の政治的平等性を高め，エリート間の競争的多元主義を促進すると見る楽観論に対して，否定的なものである。メディアの発達はコミュニケーション構造を変容させる大きな要因であるが，その変化は技術決定論的なものではなく，利用者の情報取得行動が重要な媒介変数となっていると一般化できよう。

　しかし他方で，政治情報を自ら求める能動的市民にとって，インターネットは稀少な情報を低コストで入手可能にするという意味において革新的な意義を持っている。収集した情報の内容が有権者の政治的判断に影響を与えているのだとすれば，今後，インターネットは政治的関与の高い市民の行動を理解するうえで無視できない情報源となろう。

7.1.4　選挙キャンペーンの存在意義

　本研究の第四の課題は，「選挙情報フローは有権者の意図や行動にどのような効果を持っているのか」という点を明らかにすることであった。第 5 章で

は，期間が短く規制の厳しい日本の選挙においても，有権者は候補者や争点に関する情報を確実に吸収しているということが示された。さらに，選挙キャンペーンが投票参加および投票意図に与える影響について検討した結果，より多くの選挙情報に接触した人ほど投票に参加し，より候補者情報や争点情報まで加味した投票を行う傾向があることが分かった。

本研究ではまた，どのような有権者に選挙情報の効果がより強く現れるのかという点についてもアプローチし，その鍵となる変数として政治的知識量に注目した。すなわち，情報のストックである政治的知識量とフローである選挙情報量には影響力の面で交互作用があると見る。実際，政治関心度を知識量の代理変数として分析した結果，選挙情報が投票参加や投票意図に与える効果の強さは関心レベルによって異なることが明らかとなった。

ただし，選挙情報の効果が強いのは政治的知識の豊富な人であるのか，逆に，知識の乏しい人であるのか，という点は必ずしも明らかではない。認知心理学的研究，あるいは政治的洗練に関する代表的な議論によれば，政治的知識量が豊富な人ほど新規情報の処理能力が高く，それゆえ選挙情報の効果はより強く現れるはずである。他方で，もともと政治的知識を多く持っている人ほど有意な新規情報に接触する可能性が低くなるから，その分選挙情報の効果は弱く現れることが考えられる。可能性としては以上の両方のメカニズムが考えられるが，どのような局面でどちらのメカニズムがより強く現れるのかという点は今のところよくわからない。第5章の分析結果によれば，選挙情報が投票参加に与える効果については低関心層ほど強く，投票意図に与える効果については高関心層ほど強く現れた。これらを総合的に説明する理論を構成することが今後のひとつの発展方向であろう。

以上で示されたように，日本の選挙期間中においても有権者は選挙情報を確実に吸収し，その情報に対応して判断し行動している。特に昨今の低投票率状況を考えれば，選挙キャンペーンに低関心層を動員する効果が認められたことは重要である。低関心層の投票率が低い理由のひとつは情報の不足であり(Downs 1957)，「情報コストが大きいために棄権するのは，選挙での候補者の選択に有権者の選好が適切に反映されないことを意味しており，『悪い棄権』である」(井堀 1999, 24)。公職選挙法を緩和するなどして選挙キャン

ペーンを盛り上げることが考慮されるべきだろう。ただし，その際マスメディアを通したキャンペーンばかりが活発化され，選挙区レベルでの直接的な選挙運動が衰退するようなことになれば，かえって低関心層の参加を減退させる結果を招くことになろう。

　また選挙キャンペーンは，投票時に考慮する情報量を増加させているという点で有権者のより「正しい判断」に貢献していると考えられ，その意味でも活発に行われることが求められる。ヒューリスティックモデルは低情報下において現実の有権者がどのように推論しているかについて教えてくれるけれども，その推論の「質」を保証するものではない。自分の選好に沿った投票を実際に行うことができるかどうかは，保有する政治情報の量に依存するのである。ただし本研究は，選挙キャンペーンに接触することで投票者の考慮する情報が多面的になることは示していても，実際にその推論がより「選好に沿った」ものとなっているかどうかを直接的には明らかにしていない。市民の保有情報量と「判断の質」の関係について，さらに検討を進める必要があろう。

　最後に，選挙キャンペーンは投票行動を左右するという一時的な機能のみならず，有権者の基本的な政治意識を変動させるというより長期的な機能も果たしている。本研究では，第6章において有権者の政党支持態度の変動と選挙情報量の関係について理論化し，若干の実証分析を試みた。同理論によれば，有権者は選挙キャンペーンから政治的情報を得て各党に対する評価を定めており，一般にある政党に対する情報をより多く持つほど同党に対して支持を表明する可能性は高まる。したがってまた，新規参入した政党はもともと有権者にあまり知られていないために，既成政党よりも選挙の実施によって支持率が変動する幅が大きい。以上の例のように有権者の政治意識が各人の持つ政治的情報量によって左右されており，また政治過程全体から見て選挙期における情報流通量が大きいことを前提とするならば，世論変動のダイナミクスにとって選挙というイベントが果たしている役割は大きいといわなければならない。

7.2 結語

本研究では，選挙過程における政治的情報の流通構造とその機能について検討してきた。最後に，選挙情報が政治過程全体に果たしている役割について改めて議論し，問題をよりマクロな視点から捉えたい。

選挙は政治過程において，市民の情報獲得プロセスの中核をなしている。選挙中には政治的情報が集中的に流通し，その蓄積が政治情報のストック，すなわち政治的知識の核となる。絶対的なレベルにおいて市民は「政治的に無知」であることはよく知られた事実であるが，それゆえにこそ政治的情報を供給するイベントとして選挙は重要な機能を担っているのである。

たしかに，ヒューリスティックモデルが示すように，政治的情報を多く持たなくとも，市民は何らかの方略を用いて合理的判断を下そうとしている。しかしながら，先行文献，あるいは本研究が明らかにしているように，政治的情報の量は市民の政治的判断・行動を実際に左右しているのである。政治的情報をより多く持つものがより政治に参加し，より正確な判断を行うことができるのであるとすれば，選挙過程を，代表を選出する場としてだけではなく，市民が政治的な教育を受ける場として捉える視点も重要なものとなってくる。

選挙が政治的教育の場であるということは，同時に，政治過程全体から見て市民間の政治的格差を広げる場であることも意味している。選挙過程において広がった情報格差が，政治参加のレベルと政治的判断の質に一層の格差をもたらす。さらに本研究で示したように，選挙情報は，政治的知識を構成するという間接的な経路とは別に，直接的にも選挙行動に影響を及ぼしている。民主的な政治システムにおける選挙結果の重要性——したがってそれを生む各有権者の選挙行動の重要性——を考えれば，選挙時に流通する情報の質と量，および Dahl がいうように「市民間の同等性」が十分なものであることが要請されるのである。

情報技術の進歩は，この問題に対する万能の処方箋とはならない。技術の発達は政治的情報の流通量を高めることに貢献するが，それはかえって市民間の情報格差を拡大させることにもつながる。コミュニケーション構造を規

定しているのは，技術とともに，他ならぬ人間の知恵と行動である。とりわけ政治的エリートには，選挙過程において十分かつ同等な情報量を市民に供給できるような制度設計，あるいは政治的活動が求められているのである。

参考文献

飽戸弘 (1989) 『メディア政治時代の選挙』, 筑摩書房。
Akuto, Hiroshi (1996) "Media in Electoral Campaigning in Japan and the United States", in Susan J. Pharr and Ellis S. Krauss eds. *Media and Politics in Japan*, Honolulu: University of Hawaii Press.
飽戸弘 (2000a) 「インターメディアリーの理論」, 飽戸弘 (編) 『ソーシャルネットワークと投票行動』, 木鐸社。
飽戸弘 (編) (2000b) 『ソーシャルネットワークと投票行動』, 木鐸社。
Althaus, Scott L. (1998) "Information Effects in Collective Preferences", *American Political Science Review*, Vol. 92, No. 3, pp. 545–558.
Alvarez, R. M. and John Brehm (1998) "Speaking in Two Voices: American Equivocation about the Internal Revenue Service", *American Journal of Political Science*, Vol. 42, No. 2, pp. 418–452.
Alvarez, R. M. (1998) *Information and Elections: Revised to Include the 1996 Presidential Election*, Ann Arbor: The University of Michigan Press.
Amemiya, Takeshi (1984) "Tobit Models: A Survey", *Journal of Econometrics*, Vol. 24, No. 1, pp. 3–61.
Bartels, Larry M. (1988) *Presidential Primaries and the Dynamics of Public Choice*, Princeton: Princeton University Press.
——— (1996) "Uninformed Voters: Information Effects in Presidential Elections", *American Journal of Political Science*, Vol. 40, No. 1, pp. 194–230.
Beck, Paul A., Russell J. Dalton, Steven Greene, and Robert Huckfeldt (2002) "The Social Calculus of Voting: Interpersonal, Media, and Organizational Influences on Presidential Choices", *American Political Science Review*, Vol. 96, No. 1, pp. 57–73.
Bennett, Stephen E. (1988) "Know-Nothings Revisited: The Meaning of

Political Ignorance Today", *Social Science Quarterly*, Vol. 69, pp. 476–490.

—— (1989) "Trends in Americans' Political Information, 1967-1987", *American Politics Quarterly*, Vol. 17, No. 4, pp. 422–435.

—— (1995) "Comparing Americans' Political Information in 1988 and 1992", *Journal of Politics*, Vol. 57, No. 2, pp. 521–532.

Berelson, Bernard R., Paul F. Lazarsfeld, and William N. McPhee (1954) *Voting: A Study of Opinion Formation in a Presidential Campaign*, Chicago: University of Chicago Press.

Bimber, Bruce and Richard Davis (2003) *Campaigning Online: The Internet in U.S. Elections*, New York: Oxford University Press.

Bimber, Bruce (1999) "The Internet and Citizen Communication with Government: Does the Medium Matter?", *Political Communication*, Vol. 16, pp. 409–428.

—— (2000) "The Study of Information Technology and Civic Engagement", *Political Communication*, Vol. 17, pp. 329–333.

—— (2003) *Information and American Democracy: Technology in the Evolution of Political Power*, Cambridge: Cambridge University Press.

Brady, Henry E. and Stephen Ansolabehere (1989) "The Nature of Utility Functions in Mass Publics", *American Political Science Review*, Vol. 83, No. 1, pp. 143–163.

Campbell, Angus, Phillip E. Converse, Warren E. Miller, and Donald E. Stokes (1960) *The American Voter*, New York: John Wiley and Sons.

Chaffee, Steven H. and Stacey F. Kanihan (1997) "Learning about Politics from the Mass Media", *Political Communication*, Vol. 14, pp. 421–430.

Chaffee, Steven H. and Miriam J. Metzger (2001) "The End of Mass Communication?", *Mass Communication and Society*, Vol. 4, No. 4,

pp. 365-379.
Chaiken, Shelly (1987) "The Heuristic Model of Persuation", in M. P. Zanna, J. M. Olson, and C. P. Herman eds. *Social Influence*, Vol. 5 of The Ontario Symposium, Hillsdale, NJ: Erlbaum.
Conover, Pamela J. and Stanley Feldman (1989) "Candidate Perception in an Ambiguous World: Campaigns, Cues, and Inference Processes", *American Journal of Political Science*, Vol. 33, No. 4, pp. 912-940.
Converse, Philip E. (1964) "The Nature of Belief Systems in Mass Publics", in David E. Apter ed. *Ideology and Discontent*, New York: Free Press.
────── (1975) "Public Opinion and Voting Behavior", in Fred I. Greenstein and Nelson W. Polsby eds. *Handbook of Political Science*, Vol. 4, Reading, Mass.: Addison-Wesley, Chap. 2.
────── (1990) "Popular Representation and the Distribution of Information", in John A. Ferejohn and James H. Kuklinski eds. *Information and Democratic Processes*, Urbana: University of Illinois Preess.
Dahl, Robert A. (1956) *A Preface to Democratic Theory*, Chicago: University of Chicago Press.
D'Alessio, Dave (1997) "Use of the World Wide Web in the 1996 US Election", *Electoral Studies*, Vol. 16, No. 4, pp. 489-500.
Davis, Richard (1999) *The Web of Politics: The Internet's Impact on the American Political System*, New York: Oxford University Press.
Delli Carpini, Michael X. and Scott Keeter (1996) *What Americans Know about Politics and Why It Matters*, New Haven: Yale University Press.
Deutschmann, Paul J. andWayne A. Danielson (1960) "Diffusion of Knowledge of the Major News Story", *Journalism Quarterly*, Vol. 37, No. 3, pp. 345-355.
DiMaggio, Paul, Eszter Hargittai, W. R. Neuman, and John P. Robinson

(2001) "Social Implications of the Internet", *Annual Review of Sociology*, Vol. 27, pp. 307–336.

Downs, Anthony (1957) *An Economic Theory of Democracy*, New York: Harper and Row. 〔古田精司（監訳）『民主主義の経済理論』成文堂, 1980 年〕.

Finkel, Steven E. (1993) "Reexamining the "Minimal Effects" Model in Recent Presidential Campaigns", *Journal of Politics*, Vol. 55, No. 1, pp. 1–21.

Fiorina, Morris P. (1981) *Retrospective Voting in American National Elections*, New Haven: Yale University Press.

―――― (1990) "Information and Rationality in Elections", in John A. Ferejohn and James H. Kuklinski eds. *Information and Democratic Processes*, Urbana: University of Illinois Press, Chap. 14.

Flanagan (1991) "Media Influences and Voting Behavior" in Scott C. Flanagan, Shinsaku Kohei, Ichiro Miyake, Bradley M. Richardson, and Joji Watanuki (1991) *The Japanese Voter*, New Haven: Yale University Press, Chap. 8.

Flanagan, Scott C., Shinsaku Kohei, Ichiro Miyake, Bradley M. Richardson, and Joji Watanuki (1991) *The Japanese Voter*, New Haven: Yale University Press.

Flanagan, Scott C. (1996) "Media in Electoral Campaigning in Japan and the United States", in Susan J. Pharr and Ellis S. Krauss eds. *Media and Politics in Japan*, Honolulu: University of Hawaii Press, Chap. 9.

Franklin, Charles H. and John E. Jackson (1983) "The Dynamics of Party Identification", *American Political Science Review*, Vol. 77, No. 4, pp. 957–973.

Gelman, Andrew and Gary King (1993) "Why Are American Presidential Election Campaign Polls So Variable When Votes Are So Predictable?", *British Journal of Political Science*, Vol. 23, pp. 409–451.

Gibson, Rachel K., Michael Margolis, David Resnick, and Stephen J. Ward (2003) "Election Campaigning on the WWW in the USA and UK", *Party Politics*, Vol. 9, No. 1, pp. 47-75.

Greenberg, Bradley S. (1964) "Person-to-person Communication in the Diffusion of News Events", *Journalism Quarterly*, Vol. 41, No. 4, pp. 489-494.

Greene, William H. (2003) *Econometric Analysis*, Upper Saddle River, NJ: Prentice Hall, 5th edition.

Harwood, Paul G. and J.C. Lay (2001) "Surfing Alone: The Internet as a Facilitator of Social and Political Capital?". Prepared for the 2001 Annual Meeting of the American Political Science Association, San Francisco.

Hillygus, D. S. and Simon Jackman (2003) "Voter Decision Making in Election 2000: Campaign Effects, Partisan Activation, and the Clinton Legacy", *American Journal of Political Science*, Vol. 47, No. 4, pp. 583-596.

Hirano, Hiroshi (2002) "The Internet and Social Capital in Japan". Prepared for the 2nd Annual Meeting of ACJPS, University of Tokyo.

Holbrook, Thomas M. (2002) "Presidential Campaigns and the Knowledge Gap", *Political Communication*, Vol. 19, pp. 437-454.

Huckfeldt, Robert and John Sprague (1992) "Political Parties and Electoral Mobilization: Political Structure, Social Structure, and the Party Canvass", *American Political Science Review*, Vol. 86, No. 1, pp. 70-86.

Huckfeldt, Robert, Paul A. Beck, Russell J. Dalton, and Jeffrey Levine (1995) "Political Environments, Cohesive Social Groups, and the Communication of Public Opinion", *American Journal of Political Science*, Vol. 39, No. 4, pp. 1025-1054.

Huckfeldt, Robert (1986) *Politics in Context: Assimilation and Conflict in Urban Neighborhoods*, New Haven: Agathon Press.

井堀利宏 (1999) 『経済学で読み解く日本の政治』, 東洋経済新報社。
池田謙一 (1990)「情報と社会的コミュニケーション」, 大坊郁夫・安藤清志・池田謙一 (編)『社会心理学・パースペクティブ 3　集団から社会へ』, 誠信書房。
――― (1997)『転変する政治のリアリティ:投票行動の認知社会心理学』, 木鐸社。
――― (2000a)『コミュニケーション』, 東京大学出版会。
――― (2000b)「ネットワークの中のリアリティ, そして投票」, 飽戸弘 (編)『ソーシャルネットワークと投票行動』, 木鐸社。
稲葉哲郎 (1998)「政治的知識の測定」, 『立命館産業社会論集』, 第 34 巻, 第 2 号, 1–15 頁。
石生義人 (2003)「インターネットユーザーは, どれほど政治的に特殊か? 2000 年衆院選と 2001 年参院選の投票行動・政治意識の分析」, 『国際基督教大学学報社会科学ジャーナル』, 第 50 巻, 25–44 頁。
Iyengar, Shanto, Kyu Hahn, and Markus Prior (2001) "Has Technology Made Attention to Political Campaigns More Selective? An Experimental Study of the 2000 Presidential Campaign". Prepared for the Annual Meeting of the American Political Science Association, San Francisco.
Jacobson, Gary C. (2000) *The Politics of Congressional Elections*, New York: Longman, 5th edition.
Johnson, Thomas J., Mahmoud A. M. Braima, and Jayanthi Sothirajah (1999) "Doing the Traditional Media Sidestep: Comparing the Effects of the Internet and Other Nontraditional Media with Traditional Media in the 1996 Presidential Campaign", *Journalism & Mass Communication Quarterly*, Vol. 76, No. 1, pp. 99–123.
Junn, Jane (1991) "Participation and Political Knowledge", in William Crotty ed. *Political Participation and American Democracy*, New York: Greenwood Press, Chap. 8.
蒲島郁夫・石生義人 (1998)「政党支持の安定性」, 『レヴァイアサン』, 第

22巻, 34–55頁。

蒲島郁夫・綿貫譲治・三宅一郎・小林良彰・池田謙一（1998）『JES II コードブック』, 木鐸社。

蒲島郁夫（1988）『政治参加』, 東京大学出版会。

───（1998）『政権交代と有権者の態度変容』, 木鐸社。

Katz, Elihu and Paul F. Lazarsfeld (1955) *Personal Influence: The Part Played by People in the Flow of Mass Communication*, New York: Free Press.〔竹内郁郎（訳）『パーソナル・インフルエンス：オピニオン・リーダーと人びとの意思決定』培風館, 1965年〕.

川上和久（1998）「日本におけるメディア・ポリティクス–1996年総選挙におけるメディアの影響–」,『選挙研究』, 第13巻, 100–109頁。

Kinder, Donald R. (1998) "Opinion and Action in the Realm of Politics", in Daniel T. Gilbert, Susan T. Fiske, and Gardner Lindzey eds. *The Handbook of Social Psychology*, Boston: McGraw-Hill, 4th edition, Chap. 34.

King, Gary, Robert O. Keohane, and Sidney Verba (1994) *Designing Social Inquiry: Scientific Inference in Qualitative Research*, Princeton, NJ: Princeton University Press.

Klapper, Joseph T. (1960) *The Effects of Mass Communications*, Glencoe, Ill: Free Press.

小林良彰（1990）「マスメディアと政治意識」,『レヴァイアサン』, 第7巻, 97–114頁。

河野武司（1997）「現代日本における市民の政治的情報保有の実態と投票行動」,『杏林社会科学研究』, 第13巻, 第1 & 2号, 134–150頁。

───（1998）「第40回及び41回総選挙に関するテレビ報道の比較内容分析」,『選挙研究』, 第13巻, 78–88頁。

Kraut, Robert, Vicki Lundmark, Michael Patterson, Sara Kiesler, Tridas Mukopadhyay, and William Scherlis (1998) "Internet Paradox: A Social Technology that Reduces Social Involvement and Psychological Wellbeing?", *American Psychologist*, Vol. 53, No. 9, pp.

1017–1031.
Kraut, Robert, Sara Kiesler, Bonka Boneva, Jonathon Cummings, Vicki Helgeson, and Anne Crawford (2002) "Internet Paradox Revisited", *Journal of Social Issues*, Vol. 58, No. 1, pp. 49–74.
Krosnick, Jon A. and Laura A. Brannon (1993) "The Impact of the Gulf War on the Ingredients of Presidential Evaluations: Multidimensional Effects of Political Involvement", *American Political Science Review*, Vol. 87, No. 4, pp. 963–975.
Krugman, Herbert E. and Eugene L. Hartley (1970) "Passive Learning from Television", *Public Opinion Quarterly*, Vol. 34, No. 2, pp. 184–190.
Kuklinski, James H., Paul J. Quirk, Jennifer Jerit, David Schwieder, and Robert F. Rich (2000) "Misinformation and the Currency of Democratic Citizenship", *Journal of Politics*, Vol. 62, No. 3, pp. 790–816.
Lau, Richard R. and David P. Redlawsk (2001) "Advantages and Disadvantages of Cognitive Heuristics in Political Decision Making", *American Journal of Political Science*, Vol. 45, No. 4, pp. 951–971.
Lau, Richard R. (1995) "Information Search during an Election Campaign: Introducing a Processing-Tracing Methodology for Political Science", in Milton Lodge and Kathleen M. McGraw eds. *Political Judgment: Structure and Process*, Ann Arbor: The University of Michigan Press.
Lazarsfeld, Paul F., Bernard Berelson, and Hazel Gaudet (1944) *The People's Choice: How the Voter Makes Up His Mind in a Presidential Campaign*, New York: Columbia University Press.〔有吉広介(監訳)『ピープルズ・チョイス：アメリカ人と大統領選挙』芦書房, 1987年〕.
Lippmann, Walter (1922) *Public Opinion*, New York: Free Press.
Long, Scott J. (1997) *Regression Models for Categorical and Limited De-*

pendent Variables, Thousand Oaks: Sage Publications.

Lupia, Arthur and Mathew D. McCubbins (1981) *The Democratic Dilemma: Can Citizens Learn What They Need to Know?*, Cambridge: Cambridge University Press.

Lupia, Arthur and Tasha S. Philpot (2002) "More than Kids Stuff: Can News and Information Web Sites Mobilize Young Adults?". Prepared for the Annual Meeting of the American Political Science Association, Boston.

Luskin, Robert C. (1990) "Explaining Political Sophistication", *Political Behavior*, Vol. 12, No. 4, pp. 331-361.

Maddala, G. S. (1992) *Introduction to Econometrics*, New York: Macmillan, 2nd edition.

前田幸男 (2004) 「時事世論調査に見る政党支持率の推移 (1989-2004)」,『中央調査報』, 第564号。

Margolis, Michael, David Resnick, and Joel D.Wolfe (1999) "Party Competition on the Internet in the United States and Britain", *Press/Politics*, Vol. 4, No. 4, pp. 24-47.

Markus, Gregory B. and Philip E. Converse (1979) "A Dynamic Simultaneous Equation Model of Electoral Choice", *American Political Science Review*, Vol. 73, No. 4, pp. 1055-1070.

Markus, Gregory B. (1982) "Political Attitudes during an Election Year: A Report on the 1980 NES Panel Study", *American Political Science Review*, Vol. 76, No. 3, pp. 538-560.

McCombs, Maxwell E. and Donald L. Shaw (1972) "The Agenda-Setting Function of the Media", *Public Opinion Quarterly*, Vol. 36, pp. 176-87.

McQuail, Denis and Sven Windahl (1981) *Communication Models: For the Study of Mass Communications*, New York: Longman.

三宅一郎・西澤由隆 (1997) 「日本の投票参加モデル」, 綿貫譲治・三宅一郎 (編)『環境変動と態度変容』, 木鐸社。

三宅一郎・木下富雄・間場寿一 (1967)『異なるレベルの選挙における投票行動の研究』, 創文社。
三宅一郎 (1985)『政党支持の分析』, 創文社。
―― (1989)『投票行動』, 東京大学出版会。
―― (1990)『政治参加と投票行動：大都市住民の政治生活』, ミネルヴァ書房。
―― (1995)「日本人の政党支持と政党支持研究」,『大阪国際大学紀要国際研究論叢』, 第8巻, 第1号, 1–10頁。
―― (1997)「新党の出現と候補者評価」, 綿貫譲治・三宅一郎（編）『環境変動と態度変容』, 木鐸社。
―― (2001)『選挙制度変革と投票行動』, 木鐸社。
Mutz, Diana C. and Paul S. Martin (2001) "Facilitating Communication across Lines of Political Differences: The Role of Mass Media", *American Political Science Review*, Vol. 95, No. 1, pp. 97–114.
Neuman, W. R. (1986) *The Paradox of Mass Politics: Knowledge and Opinion in the American Electorate*, MA: Harvard University Press.
Nie, Norman H. and Lutz Erbring (2000) "Internet and Society: A Preliminary Report", Stanford Institute for the Quantitative Study of Society.
西澤由隆 (1998)「選挙研究における「政党支持」の現状と課題」,『選挙研究』, 第13巻, 5–16頁。
―― (2001)「自民党支持と経済業績評価」, 三宅一郎・西澤由隆・河野勝（編）『55年体制下の政治と経済−時事世論調査データの分析−』, 木鐸社, 第7章。
Norris, Pippa and David Sanders (2001) "Knows Little, Learns Less? An Experimental Study of the Impact of the Media on Learning during the 2001 British General Election". Prepared for the Annual Meeting of the American Political Science Association, San Francisco.

—— (2003) "Message or Medium? Campaign Learning during the 2001 British General Election", *Political Communication*, Vol. 20, pp. 233–262.

Norris, Pippa (2003) "Preaching to the Converted?", *Party Politics*, Vol. 9, No. 1, pp. 21–45.

岡本哲和 (2001) 「2000 年衆院総選挙における候補者ホームページの分析」, 『レヴァイアサン』, 第29巻, 141–154頁.

Ottati, Victor C. and Robert S. Wyer. (1990) "The Cognitive Mediators of Political Choice: Toward a Comprehensive Model of Political Information Processing", in John A. Ferejohn and James H. Kuklinski eds. *Information and Democratic Processes*, Urbana: University of Illinois Press, Chap. 8.

Palfrey, Thomas R. and Keith T. Poole (1987) "The Relationship between Information, Ideology, and Voting Behavior", *American Journal of Political Science*, Vol. 31, No. 3, pp. 511–530.

Petty, Richard E. and John E. Cacioppo (1986) *Communication and Persuasion*, New York: Springer-Verlag.

Petty, Richard E. and Duane T. Wegener (1998) "Attitude Change: Multiple Roles for Persuasion Variables", in Daniel T. Gilbert, Susan T. Fiske, and Gardner Lindzey eds. *The Handbook of Social Psychology*, Boston: McGraw-Hill, 4th edition, Chap. 8.

Popkin, Samuel L. (1991) *The Reasoning Voter: Communication and Persuasion in Presidential Campaigns*, Chicago: University of Chicago Press.

Price, Vincent and John Zaller (1993) "Who Gets the News? Alternative Measures of News Reception and Their Implications for Research", *Public Opinion Quarterly*, Vol. 57, No. 2, pp. 133–164.

Putnam, Robert D. (2000) *Bowling Alone: The Collapse and Revival of American Community*, New York: Simon & Schuster.

Robinson, John P. (1976) "Interpersonal Influence in Election Campaigns:

Two Step-flow Hypotheses", *Public Opinion Quarterly*, Vol. 40, No. 3, pp. 304–319.

Rogers, Everett M. (1962) *Diffusion of Innovations*, New York: Free Press. 〔藤竹暁（訳）『技術革新の普及過程』培風館, 1966 年〕.

———(1983) *Diffusion of Innovations*, New York: Free Press, 3rd edition. 〔青池愼一・宇野善康（監訳）『イノベーション普及学』産能大学出版部, 1990 年〕.

Rosenstone, Steven J. and John M. Hansen (1993) *Mobilization, Participation, and Democracy in America*, New York: Macmillan.

Scheufele, Dietram A. and Matthew C. Nisbet (2002) "Being a Citizen Online: New Opportunities and Dead Ends", *Press/Politics*, Vol. 7, No. 3, pp. 55–75.

Sears, David O. and Jonathan L. Freedman (1967) "Selective Exposure to Information: A Critical Review", *Public Opinion Quarterly*, Vol. 31, No. 2, pp. 194–213.

Shah, Dhavan V., Jack M. McLeod, and So-Hyang Yood (2001a) "Communication, Context, and Community: An Exploration of Print, Broadcast, and Internet Influences", *Communication Research*, Vol. 28, No. 4, pp. 464–506.

Shah, Dhavan V., Nojin Kwak, and R. Lance Holbert (2001b) ""Connecting" and "Disconnecting" with Civic Life: Patterns of Internet Use and the Production of Social Capital", *Political Communication*, Vol. 18, pp. 142–162.

Shaw, Daron R. (1999) "The Effect of TV Ads and Candidate Appearances on Statewide Presidential Votes, 1988-96", *American Political Science Review*, Vol. 93, No. 2, pp. 345–361.

柴内康文 (2001) 「インターネット・ポリティクス」, 池田謙一（編）『政治行動の社会心理学：社会に参加する人間のこころと行動』, 北大路書房。

Smith, Eric R. A. N. (1989) *The Unchanging American Voter*, Berkeley: University of California Press.

Sniderman, Paul M., Richard A. Brody, and Philip E. Tetlock (1991) "The Role of Heuristics in Political Reasoning: A Theory Sketch", in Paul M. Sniderman, Richard A. Brody, and Phillip E. Tetlock eds. *Reasoning and Choice: Explorations in Political Psychology*, New York: Cambridge University Press, Chap. 2.

Stokes, Donald E. (1963) "Spatial Models of Party Competition", *American Political Science Review*, Vol. 57, No. 2, pp. 368–377.

鈴木基史 (1999) 「政治学における計量分析の問題と展望：選挙研究を事例に」, 日本政治学会 (編)『二十世紀の政治学』, 岩波書店。

高瀬淳一 (1999) 『情報と政治』, 新評論。

竹内郁郎 (1990) 『マス・コミュニケーションの社会理論』, 東京大学出版会。

Tan, Alexis S. (1980) "Mass Media Use, Issue Knowledge and Political Involvement", *Public Opinion Quarterly*, Vol. 44, No. 2, pp. 241–248.

Tichenor, P. J., G. A. Donohue, and C. N. Olien (1970) "Mass Media Flow and Differential Growth in Knowledge", *Public Opinion Quarterly*, Vol. 34, No. 2, pp. 159–170.

Tkach-Kawasaki, Leslie M. (2003) "Politics@Japan: Party Competition on the Internet in Japan", *Party Politics*, Vol. 9, No. 1, pp. 105–123.

Tobin, James (1958) "Estimation of Relationships for Limited Dependent Variables", *Econometrica*, Vol. 26, No. 1, pp. 24–36.

東京大学新聞研究所 (編) (1988) 『選挙報道と投票行動』, 東京大学出版会。

富永健一 (1996) 『近代化の理論：近代化における西洋と東洋』, 講談社。

Troldahl, Verling C. and Robert Van Dam (1965) "Face-to-face Communication about Major Topics in the News", *Public Opinion Quarterly*, Vol. 29, No. 4, pp. 626–634.

堤英敬 (1998) 「1996年衆議院選挙における候補者の公約と投票行動」,『選挙研究』, 第13巻, 89–99頁。

Verba, Sidney, Norman Nie, and Jae-On Kim (1978) *Participation and Political Equality: A Seven-Nation Comparison*, New York: Cambridge University Press.

綿貫譲治（1986）「選挙動員と候補者要因」, 綿貫譲治・三宅一郎・猪口孝・蒲島郁夫（編）『日本人の選挙行動』, 東京大学出版会。

山口勧（1998）「態度の変容」, 末永俊郎・安藤清志（編）『現代社会心理学』, 東京大学出版会。

Zaller, John (1992) *The Nature and Origins of Mass Opinion*, New York: Cambridge University Press.

Zukin, Cliff and Robin Snyder (1984) "Passive Learning: When the Media Environment Is the Message", *Public Opinion Quarterly*, Vol. 48, No. 3, pp. 629–638.

付録 A 選挙情報量に関する統計

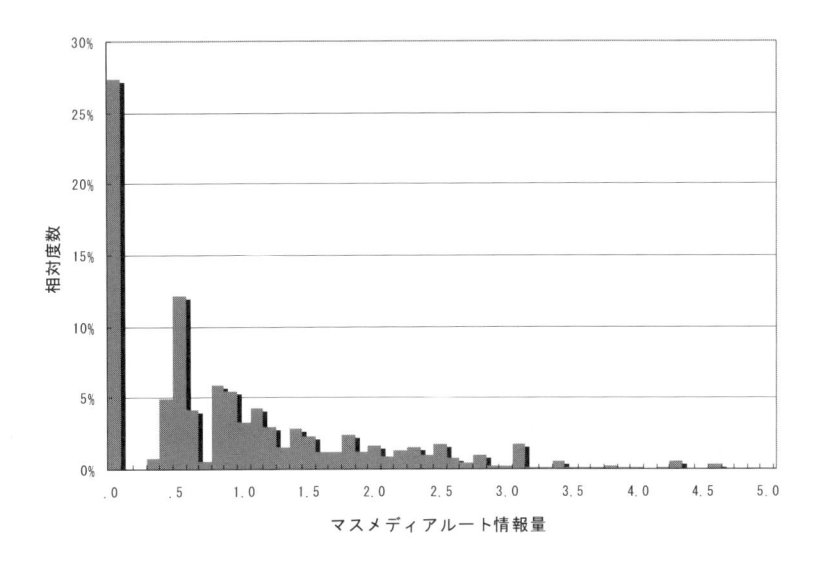

相対度数 / マスメディアルート情報量

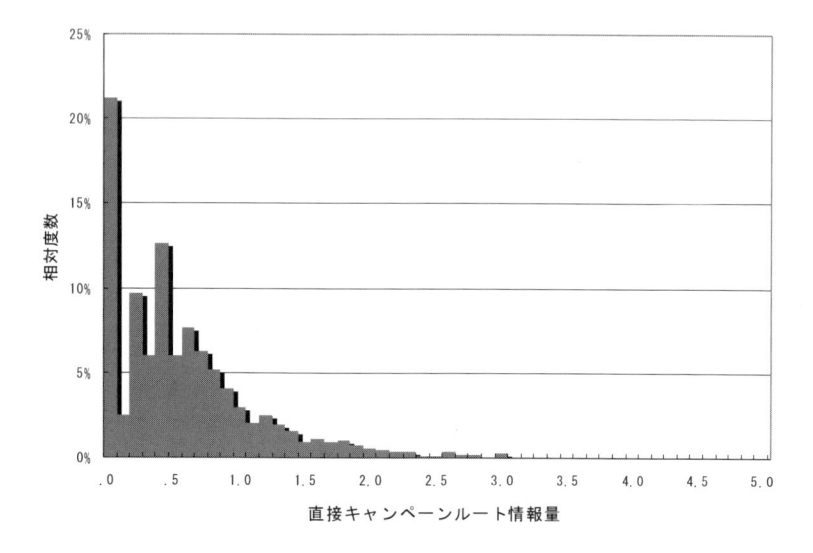

直接キャンペーンルート情報量

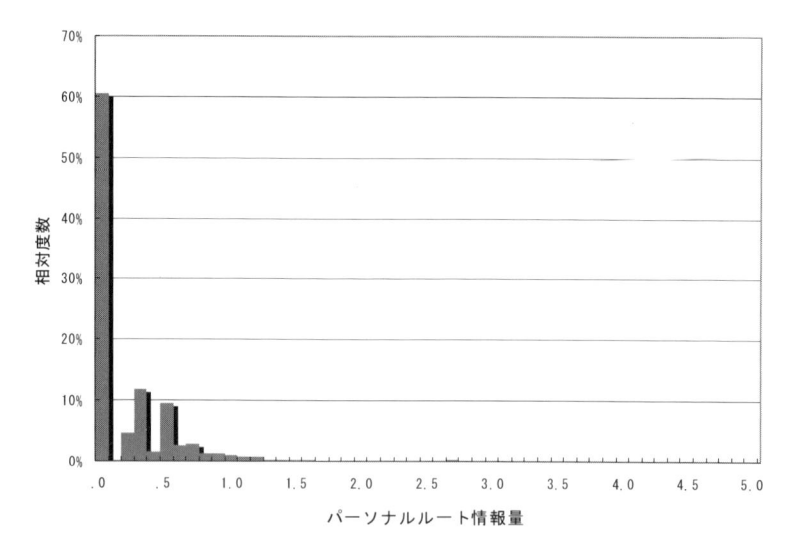

パーソナルルート情報量

付録A　選挙情報量に関する統計

	総情報量	マスメディア	直接キャンペーン	パーソナル	N
性別					
男性	1.81	1.01	.58	.19	987
女性	1.55	.82	.50	.19	1229
年齢					
20-24	1.19	.65	.40	.11	100
25-29	1.37	.67	.48	.19	163
30-39	1.56	.84	.51	.18	291
40-49	1.79	.99	.55	.22	369
50-59	1.77	.98	.56	.20	523
60-69	1.76	.94	.58	.19	442
70-79	1.73	.98	.55	.18	253
80-	1.22	.65	.37	.18	75
教育程度					
小・高小・新中卒	1.41	.75	.46	.18	423
旧中・新高卒	1.55	.81	.52	.19	1045
新高専・短大・専修学校卒	1.82	1.01	.58	.20	337
旧高専大・新大卒	2.11	1.25	.62	.21	368
大学院（修・博）卒	2.44	1.43	.81	.13	23
所得					
10万円未満	1.54	.80	.52	.19	167
10万円以上	1.39	.70	.47	.20	244
20万円以上	1.67	.93	.50	.20	265
30万円以上	1.83	.98	.63	.19	203
40万円以上	2.09	1.10	.72	.23	83
50万円以上	2.17	1.25	.64	.24	106

	総情報量	マスメディア	直接キャンペーン	パーソナル	N
職業					
農林漁業	1.63	.80	.56	.24	98
商工サービス業・自由業	1.91	1.06	.61	.20	291
管理職	2.25	1.32	.69	.23	63
専門・技術職・事務職	1.74	.97	.54	.20	411
販売・保安・サービス従事者	1.42	.72	.50	.16	242
運輸・通信・生産工程従事者	1.44	.73	.48	.21	208
学生	1.64	.98	.52	.08	30
主婦	1.64	.89	.52	.19	533
無職	1.63	.91	.52	.17	332
居住年数					
3年未満	1.65	.98	.50	.14	148
3年以上	1.47	.80	.49	.14	245
10年以上	1.59	.88	.51	.18	390
20年以上	1.72	.93	.55	.21	1429
都市規模					
町村	1.64	.85	.54	.22	510
人口10万人未満の市	1.59	.88	.51	.17	424
人口10万人以上の市	1.64	.87	.53	.20	822
政令指定都市	1.81	1.03	.57	.17	331
東京都区部	1.75	1.08	.50	.14	129
加入団体数					
0	1.39	.79	.43	.15	713
1	1.60	.88	.52	.17	860
2	1.87	.96	.62	.25	435
3	2.25	1.24	.70	.28	151
4+	2.84	1.41	1.03	.36	57
後援会					
加入	1.57	.89	.48	.17	1878
非加入	2.28	1.04	.87	.32	318
政治関心					
非常にあり	2.31	1.31	.73	.22	497
多少あり	1.67	.91	.53	.20	1256
ほとんどなし	1.02	.49	.36	.14	356
全くなし	.76	.37	.28	.09	91
政党支持強度					
強い	2.20	1.15	.75	.27	379
弱い	1.72	.95	.54	.19	953
支持なし	1.37	.75	.43	.15	871

付録B 分析に使用した質問項目

ここでは，分析に利用した質問のうち特に示したほうがよいと考えられる質問文について掲げる。「明推協調査」は「明るい選挙推進協会調査（2000年総選挙）」，「インターネット調査」は「インターネットと生活意識に関する調査」をそれぞれ指す。

接触した情報チャネル（明推協調査）

Q9. 役に立ったか立たないかは別として，小選挙区の選挙で，あなたが見たり，聞いたり，すすめられたりしたものが，この中〔回答票21〕にありましたら，全部おっしゃってください。(M.A.)

N=2260
- 17.1 (ア) 個人演説会
- 23.0 (イ) 街頭演説
- 30.2 (ウ) 連呼
- 32.3 (エ) 候補者の新聞広告
- 39.6 (オ) 候補者の経歴放送（テレビ）
- 6.8 (カ) 候補者の経歴放送（ラジオ）
- 31.0 (キ) 選挙公報
- 33.2 (ク) 候補者のビラ
- 37.4 (ケ) 掲示場にはった候補者のポスター
- 18.5 (コ) 候補者の葉書
- 6.0 (サ) 政党の演説会
- 7.2 (シ) 政党の街頭演説
- 16.6 (ス) 政党の新聞広告
- 32.3 (セ) 政党の政見放送（テレビ）
- 5.4 (ソ) 政党の政見放送（ラジオ）
- 22.7 (タ) 政党のビラ・ポスター
- 10.9 (チ) 政党の葉書
- 7.3 (ツ) 政党の機関紙
- 25.9 (テ) 電話による勧誘
- 9.6 (ト) 選挙熱心な人の勧誘
- 14.0 (ナ) 家族の話し合い
- 4.5 (ニ) 近所の評判
- 6.0 (ヌ) 職場での話し合い
- 14.0 (ネ) 友人・知人・親戚のすすめ
- 2.0 (ノ) 上役や有力者のすすめ
- 3.4 (ハ) 労働組合関係のすいせん
- 5.6 (ヒ) 仕事関係の団体（同業組合・商店会など）のすいせん
- 3.9 (フ) 町内会・自治会・区会などのすいせん
- 2.1 (ヘ) その他の団体（宗教団体・文化団体など）のすいせん
- 8.1 (ホ) 後援会のすいせんや依頼
- 23.4 (マ) 新聞の選挙報道（解説・評論を含む）
- 30.8 (ミ) テレビの選挙報道（解説・評論を含む）
- 4.3 (ム) ラジオの選挙報道（解説・評論を含む）
- 3.5 (メ) 週刊誌・雑誌の選挙報道（解説・評論を含む）
- 13.7 (モ) 党首討論会
- 1.7 (ヤ) インターネット
- 5.0 この中のどれも見聞きしない
- 1.9 わからない
  └→（次ページのQ11へ）

役に立った情報チャネル（明推協調査）

Q10. それでは投票してもしなくても役に立ったものがこの中〔回答票21〕にありましたら、おっしゃってください。いくつでも結構です。（M.A.）

N=2102
- 7.4 (ア) 個人演説会
- 6.4 (イ) 街頭演説
- 2.1 (ウ) 連呼
- 11.2 (エ) 候補者の新聞広告
- 17.5 (オ) 候補者の経歴放送（テレビ）
- 2.5 (カ) 候補者の経歴放送（ラジオ）
- 11.7 (キ) 選挙公報
- 6.2 (ク) 候補者のビラ
- 5.9 (ケ) 掲示場にはった候補者のポスター
- 2.5 (コ) 候補者の葉書
- 2.1 (サ) 政党の演説会
- 2.4 (シ) 政党の街頭演説
- 4.6 (ス) 政党の新聞広告
- 15.6 (セ) 政党の政見放送（テレビ）
- 2.5 (ソ) 政党の政見放送（ラジオ）
- 4.5 (タ) 政党のビラ・ポスター
- 1.6 (チ) 政党の葉書
- 2.1 (ツ) 政党の機関紙
- 2.9 (テ) 電話による勧誘
- 1.6 (ト) 選挙熱心な人の勧誘
- 6.3 (ナ) 家族の話し合い
- 1.5 (ニ) 近所の評判
- 1.8 (ヌ) 職場での話し合い
- 4.2 (ネ) 友人・知人・親戚のすすめ
- 0.4 (ノ) 上役や有力者のすすめ
- 1.0 (ハ) 労働組合関係のすいせん
- 1.8 (ヒ) 仕事関係の団体（同業組合・商店会など）のすいせん
- 1.1 (フ) 町内会・自治会・区会などのすいせん
- 0.4 (ヘ) その他の団体（宗教団体・文化団体など）のすいせん
- 1.4 (ホ) 後援会のすいせんや依頼
- 12.3 (マ) 新聞の選挙報道（解説・評論を含む）
- 17.7 (ミ) テレビの選挙報道（解説・評論を含む）
- 2.0 (ム) ラジオの選挙報道（解説・評論を含む）
- 1.2 (メ) 週刊誌・雑誌の選挙報道（解説・評論を含む）
- 8.4 (モ) 党首討論会
- 0.6 (ヤ) インターネット
- 27.1　役に立ったものはない
- 4.2　わからない

情報関心度（インターネット調査）

あなたはインターネットに掲示された候補者や政党の広告を積極的に見たいと思いますか。

| 積極的に見たいと思う | 1 | 2 | 3 | 4 | 5 | 積極的には見たいと思わない |

あなたはインターネットに掲示された候補者や争点に関する情報や解説を積極的に見たいと思いますか。（この場合の情報や解説は、特定の政党や候補者ではない第三者的な機関や団体が発信するものとします。）

| 積極的に見たいと思う | 1 | 2 | 3 | 4 | 5 | 積極的には見たいと思わない |

各党の主観的争点位置 (JES II)

〔回答票15〕消費税問題について、各政党はどのような考えを持っていると思いますか。1が所得税を下げて消費税を上げることに積極的に賛成、7が消費税を上げて所得税を下げることに積極的に反対とします。4を中心として、左側に行くほど税率変更に賛成、右側に行くほど税率変更に反対という意味です。それぞれの政党の考えがあると思う番号をお答えください。まず、「(a)自民党」についてはいかがですか。
〔以下同じやり方で(b)~(e)の政党についてきく〕

	所得税を下げて消費税を上げることに強く賛成		どちらでもない		所得税を下げて消費税を上げることに強く反対	わからない	答えない
(a) 自民党→	1 … 2	… 3	… 4	… 5	… 6 … 7	… 8	… 9
(b) 新進党→	1 … 2	… 3	… 4	… 5	… 6 … 7	… 8	… 9
(c) 民主党→ (鳩菅新党)	1 … 2	… 3	… 4	… 5	… 6 … 7	… 8	… 9
(d) 社民党→ (旧社会党)	1 … 2	… 3	… 4	… 5	… 6 … 7	… 8	… 9
(e) 共産党→	1 … 2	… 3	… 4	… 5	… 6 … 7	… 8	… 9

〔回答票18〕政府の役割の問題について、各政党はどのような考えを持っていると思いますか。それぞれの政党の考えがあると思う番号をお答えください。まず、「(a)自民党」についてはいかがですか。
〔以下同じやり方で(b)~(e)の政党についてきく〕

	増税による公共サービスの充実に強く賛成		どちらでもない		増税による公共サービスの充実に強く反対	わからない	答えない
(a) 自民党→	1 … 2	… 3	… 4	… 5	… 6 … 7	… 8	… 9
(b) 新進党→	1 … 2	… 3	… 4	… 5	… 6 … 7	… 8	… 9
(c) 民主党→ (鳩菅新党)	1 … 2	… 3	… 4	… 5	… 6 … 7	… 8	… 9
(d) 社民党→ (旧社会党)	1 … 2	… 3	… 4	… 5	… 6 … 7	… 8	… 9
(e) 共産党→	1 … 2	… 3	… 4	… 5	… 6 … 7	… 8	… 9

〔回答票21〕日本にある米軍基地の問題について、各政党はどのような考えを持っていると思いますか。それぞれの政党の考えがあると思う番号をお答えください。まず、「(a)自民党」についてはいかがですか。
〔以下同じやり方で(b)〜(e)の政党についてきく〕

	自衛隊を増強しない代わりに、米軍基地を残すことに強く賛成			どちらでもない			米軍基地を撤収する代わりに、自衛隊を増強することに強く賛成	わからない	答えない
(a) 自民党 →	1	2	3	4	5	6	7	8	9
(b) 新進党 →	1	2	3	4	5	6	7	8	9
(c) 民主党 → (鳩菅新党)	1	2	3	4	5	6	7	8	9
(d) 社民党 → (旧社会党)	1	2	3	4	5	6	7	8	9
(e) 共産党 →	1	2	3	4	5	6	7	8	9

〔回答票24〕憲法改正問題について、各政党はどのような考えを持っていると思いますか。それぞれの政党の考えがあると思う番号をお答えください。まず、「(a)自民党」についてはいかがですか。
〔以下同じやり方で(b)〜(e)の政党についてきく〕

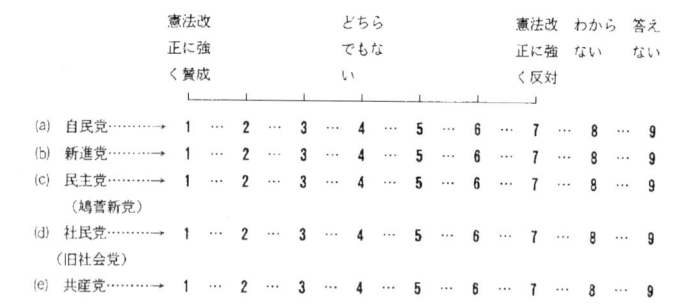

	憲法改正に強く賛成			どちらでもない			憲法改正に強く反対	わからない	答えない
(a) 自民党 →	1	2	3	4	5	6	7	8	9
(b) 新進党 →	1	2	3	4	5	6	7	8	9
(c) 民主党 → (鳩菅新党)	1	2	3	4	5	6	7	8	9
(d) 社民党 → (旧社会党)	1	2	3	4	5	6	7	8	9
(e) 共産党 →	1	2	3	4	5	6	7	8	9

投票基準（明推協調査）

SQ8．あなたは、小選挙区の選挙で、政党の方を重くみて投票しましたか、それとも候補者個人を重くみて投票しましたか。

N=1797　46.1　　　　　42.8　　　　　　9.9　　　　1.2
　　　　政党を重くみて　候補者個人を重くみて　一概にいえない　わからない
　　　　　　　　　　　　　　　　　　　　　　　　　　→（SQ9へ）

SQ8a．政党の方を重くみて投票した理由ですが、この中〔回答票11〕のどういうことによってですか。1つあげてください。
N=828
　3.5（ア）私は党員だから
　45.3（イ）その党の政策や活動を支持するから
　10.5（ウ）なんとなくその党が好きだから
　34.3（エ）ほかの党よりましだから
　1.9（オ）私はその党の候補者の後援会に入っているから
　2.3　その他（　　　　　　　）
　2.2　わからない

SQ8b．候補者個人を重くみて投票した理由ですが、この中〔回答票12〕のどういうことによってですか。1つあげてください。
N=770
　6.6（ア）その候補者の後援会に入っているから
　35.6（イ）その候補者の政策や活動を支持するから
　29.1（ウ）その候補者の人物がよいから
　24.7（エ）ほかの候補者よりましだから
　0.9（オ）その候補者からいろいろ世話になったから
　1.4　その他（　　　　　　　）
　1.7　わからない

付録C 変数のコーディング

変数	コーディング
第3章	
性別	男性(1)，女性(0).
教育程度	小・高小・新中卒(1)，旧中・新高卒(2)，新高専・短大・専修学校卒(3)，旧高専大・新大卒(4)，大学院(修・博)卒(5).
収入	(月収) 10万円未満(1)，10万円以上(2)，20万円以上(3)，30万円以上(4)，40万円以上(5)，50万円以上(6).
居住年数	3年未満(1)，3年以上(2)，10年以上(3)，20年以上(生まれてからずっと)(4).
都市規模	町村(1)，人口10万人未満の市(2)，人口10万人以上の市(3)，政令指定都市(4)，東京都区部(5).
政治関心	非常に関心がある(4)，多少は関心がある(3)，ほとんど関心をもっていない(2)，全く関心をもっていない(1).
政党支持強度	支持政党なし・わからない(0)，弱い支持(1)，強い支持(2).
第4章	
教育程度	大学・大学院卒(1)，その他(0).
収入	(年収) 収入はなかった(0)，200万円未満(1)，200～300万円未満(2)，300～400万円未満(3)，400～500万円未満(4)，500～600万円未満(5)，600～700万円未満(6)，700～800万円未満(7)，800～900万円未満(8)，900～1000万円未満(9)，1000～1200万円未満(10)，1200～1500万円未満(11)，1500万円以上(12).
情報関心(2種類)	積極的に見たいと思う(5)～積極的には見たいと思わない(1)までの5段階.
ネット利用時間	(1日あたり) 接している時間はない(0)，10分未満(1)，10分～20分未満(2)，20分～30分未満(3)，30分～40分未満(4)，40分～50分未満(5)，50分～1時間未満(6)，1時間～1時間半未満(7)，1時間半～2時間未満(8)，2時間～3時間未満(9)，3時間～4時間未満(10)，4時間～5時間未満(11)，5時間～6時間未満(12)，6時間以上(13).
ネット信頼	非常に信頼している(5)，まあ信頼している(4)，どちらともいえない(3)，あまり信用していない(2)，信頼していない(1).
性別	男性(1)，女性(0).
当該政党支持	当該政党をふだん支持(2)，当該政党は比較的好ましい(1)，その他(0).
ネット外情報量	接触チャネル数(自民情報・民主情報は0～14，自民+民主は0～28をとる).
第5章	
選挙に対する関心	非常に関心をもった(4)，多少は関心をもった(3)，ほとんど関心をもたなかった(2)，全く関心をもたなかった(1).
候補者重視度	政党を重くみて(-1)，一概にいえない(0)，候補者個人を重くみて(1).

〔その他の変数については第3章に倣う〕

第6章

〔第3章に倣う〕

あとがき

　本書は，2004年に東京大学大学院法学政治学研究科に提出された筆者の修士論文がもとになっている。第3章，第5章の内容は，それぞれ『日本政治研究』，『レヴァイアサン』誌上に掲載されたものである。それらの部分については，構成面を変更した他はオリジナルの論文にほとんど手を加えていない。第6章は，本書の出版に際して書き下ろされた。

　各章の内容はかなり独立しているから，本書はどの章から読むことも可能である。他方で，編集にあたって全体としての統一感についてもできるだけ留意するようにした。

　なにゆえ筆者が「政治的情報と有権者の政治行動」というテーマについて関心を持つようになったか，判然とはしない。部分的には東京大学法学部時代のゼミ「政治的コミュニケーションの研究」において候補者側の情報戦術について勉強する機会をもったことがきっかけとなっているのであろう。考えてみれば，同ゼミは筆者の政治学コミュニティとの最初の関わりでもあった。大学院の指導教官である蒲島郁夫教授からは，同ゼミに所属して以来，多大な学恩を受け続けている。蒲島教授には研究面のみならず，人生面で多くのことを教わっているように思う。結婚生活とアメリカ留学生活の両立を決意できたのも，教授の経験，助言，励ましによるところが大きい。この場をお借りして，少しでも感謝の意を表したい。蒲島研究室秘書の西川弘子氏にも大変お世話になった。

　谷口将紀助教授のご指導に対しても謝意を表さなければならない。谷口助教授の授業は常によく練られており，受講の度に何らかの学問的刺激を受けたものである。学部3年時に受けた谷口ゼミにおいて，筆者は政治学のおもしろさを初めて知った。また大学院ゼミ「政治行動論」で扱われた文献のほとんどすべてが本書内で引用されている。

　授業内で本書の一部を発表する機会を与えてくださった石田浩東京大学社会科学研究所教授，および第4章のデータを提供してくださった平野浩学習院大学教授に対してもお礼申し上げたい。

修士論文を執筆するにあたっては，大学院同期諸氏との日々の語らいが大きな励みになった。特に同室で苦しみながら論文に取り組んだ坂巻静佳，中澤俊輔，山口道弘，同門の高木悠貴，米谷寛子に感謝したい。

　木鐸社の坂口節子氏と仕事をするのは，これで2度目のことである。坂口氏は相変わらず，親身かつ厳正な校正作業をされている。本書の出版を認められたことを含め，厚くお礼申し上げる。

　父・克英と母・成子は筆者の放蕩に対してどこまでも寛容である。本書はその放蕩のまたひとつの成果である。最後に，日々の幸せな生活に感謝しながら，本書を筆者の最大の理解者である妻・万里子に捧げる。

2005年8月
バークレーにて
境家史郎

索引

あ行

明るい選挙推進協会／明推協　47, 49-50, 55, 139, 148, 173
アナウンスメント効果　25
アメリカ大統領選　25, 35, 42-43, 54, 92, 98, 122, 124-127, 189
一段階の流れ　35, 39, 79
イデオロギー　137, 161, 165, 169-170, 177, 181, 184-186
イノベーション普及過程研究　36
インターネットと生活意識に関する調査　101
インターメディアリー　34, 40
ウェブサイト　89-90, 93, 96, 107
オピニオン・リーダー　14, 33-35, 37, 58, 79

か行

街頭演説　41-44, 57
改変効果　25, 30, 122, 124
学校教育　64, 82
過渡期効果　24
管理的デモクラシー　21
擬似環境　41
技術決定論　194
既成政党　165, 196
議題設定機能　118
教育程度／教育水準　22-23, 34, 62-64, 76-78, 81-82, 91, 102-103, 112, 116, 127, 140, 152-153, 156-157, 191, 193-194
業界団体　52
共産党　18, 107-108, 130
行政改革　134-135
業績評価理論　166
強力効果論　39
強力なデモクラシー　21
経済的生活意識　165
経歴放送　41, 57, 123
限定効果論　39
好意的情報選択説　98, 100, 108
後援会　52, 57, 62, 69, 76-78, 123, 141, 146, 152-153, 157, 191, 193
公職選挙法　41, 92, 130, 195
候補者重視　136-137, 139, 141, 150-155
候補者情報　22, 41, 57, 78, 122, 128, 130-131, 133, 136-137, 141, 150-151, 159, 187, 190, 195
候補者評価　125, 132-133, 156, 187
公明党　18, 107, 167
公約　128, 134, 137, 156
合理的情報選択説　98, 100, 108
国政選挙　18, 42, 164-165, 167
コミュニケーション・スキル　64
コミュニケーション・メディア　23, 44, 71, 95, 103, 107, 118
コミュニケーション構造　87, 194, 197

コミュニケーションの流れ　28, 31-32, 35,
　　39-41, 44, 59
コミュニケーションモデル　32, 41, 80, 88,
　　190
固有効果　24

さ行

最尤法　83, 141
最小二乗法　141-142
参議院選挙／参院選　18, 92, 109, 123, 163,
　　166
JEDS96　127, 129, 135
JES II　127-128
自民党　18, 42, 101-103, 106-110, 113-114,
　　116-117, 119, 163-168, 173-174, 176,
　　182, 186-187
社会経済的地位　23, 29, 64, 77, 81, 95, 99,
　　102-104, 111-112, 114-116, 191-194
社会参加　76, 91
社会集団　17, 62, 82, 165
社会ネットワーク／社会的ネットワーク
　　34, 41, 49, 53, 69, 76, 81-83, 117, 121,
　　190
社民党　18
重回帰分析　74
衆議院選挙／衆院選／総選挙　18, 42, 47,
　　54, 80, 92, 101, 123-124, 127, 134,
　　148-149, 163, 166, 190
受信　48-49, 87
受動的学習　34

受動的情報　141, 147, 152, 156
受容　48-49
順序付きプロビットモデル　152
情勢報道　25, 41
小選挙区　49, 108, 131, 137, 142, 146
消費税　42, 128, 134, 135
情報化　87-88
情報格差　21, 23-24, 29, 44-45, 47, 74,
　　81-82, 94, 103-104, 116, 191-194, 197
情報格差拡大の螺旋モデル　191
情報獲得コスト　23, 29
情報環境　20-21, 34, 38-39, 49, 80,
　　189-190
情報関心度　106, 110-111, 113-114
情報技術　24, 44, 82, 89, 116, 197
情報コスト　88, 92, 195
情報社会　87
情報収集コスト　23, 87
情報処理／処理能力　27, 140
情報ストック／ストック　16-17, 21-22,
　　26-27, 30, 60-61, 81, 123, 159-160,
　　171-172, 178-179, 184, 191, 195, 197
情報選択可能性　90, 118-119
情報チャネル／チャネル　37, 47, 49-57,
　　59-60, 62, 64, 69-72, 76-77, 82-83,
　　87-88, 90, 96, 100-107, 110-115,
　　119-121, 123, 128, 141, 148, 157, 161,
　　193
情報提供コスト　23, 29
情報伝達コスト　23

情報の不確実性　125, 128-130, 136, 150, 160, 170
情報フロー／フロー　13, 16-17, 19-20, 22-23, 26-31, 35, 37-39, 43-45, 47-48, 53-55, 57, 61-62, 64, 71, 77, 79-82, 88, 93-94, 113, 121-123, 134, 136-138, 142, 144, 146-147, 150, 153, 159-160, 171-172, 179, 184, 186, 189, 193-195
情報ルート／ルート　20-21, 28-29, 41, 43-44, 47-50, 54, 57-60, 65-66, 69-72, 74, 76-82, 121, 189, 191, 193
ショートカット　14-15, 161
新聞　17-18, 23, 33-34, 41-42, 49, 57, 59, 87, 89-91, 97, 104, 107, 119, 123, 134, 148, 157, 166
政見放送　40-42, 49, 52, 64, 72, 103, 123
政策位置　125, 128-129, 137, 156, 161
政策争点　126, 137, 139, 150, 156, 160
政治意識　26-27, 163, 182, 196
政治過程　13, 15-16, 19, 25, 163, 191, 196-197
政治関心　22, 52-53, 58, 62, 69-71, 73, 76-78, 81-83, 91-92, 95, 105, 139-140, 142, 146-149, 151-153, 156-157, 160, 174, 176, 191, 193, 195
政治参加　23, 65, 82, 191, 197
政治システム　13, 15, 20-21, 197
政治の関与　44, 57-58, 63, 77-78, 80, 82, 123, 190, 193-194
政治的教育　197

政治的先有傾向　124
政治的社会化　165
政治的情報　13-17, 21, 30, 38, 47-48, 61, 67, 79, 81, 88, 95, 119, 121, 161, 163, 184, 189, 191, 196-197
政治的情報媒介者　38, 48, 79
政治的スキル　62
政治的洗練　15, 22, 82, 140, 195
政治的知識　13-17, 21-22, 26-27, 29, 61, 67, 81-82, 91, 93, 122, 131, 138-140, 146, 150-151, 159, 184, 191-193, 195, 197
政治的判断　13-15, 17, 25, 62, 80, 161, 189, 191, 194, 197
政治的平等　14, 88, 91, 94, 115, 194
政治的有効感　91
政治認知度　138
政治満足度　165
税制改革　135
政党間期待効用差　122
政党機関紙　76, 123
政党帰属意識　14, 165-166
政党支持　26, 30, 62, 72-73, 76-78, 113-114, 118, 152, 157, 163-170, 174, 180-182, 184, 186-187, 191, 193, 196
政党支持の幅　170, 181
政党重視　136, 150, 152-153, 156
政党内競争　43
政党評価　160, 187
説得効果研究　49

選挙過程　13, 19, 23, 28-31, 41, 43-44, 47, 57-59, 77, 79-81, 87, 98, 120, 189, 191, 193, 197-198
選挙期間　15, 17, 25, 27, 42, 50, 81, 92, 121, 124, 127-137, 150-151, 156, 159-161, 184, 186-187, 195
選挙行動　13, 15, 21, 30, 121, 189, 191, 197
選挙公報　52-53, 57, 59, 70, 123, 148
選挙制度　20, 43, 116
選挙報道　25, 42, 57, 59-60, 64, 123, 157
線形回帰モデル　83
選択的接触　98, 107, 113, 118-120
選択的働きかけ　77
相関係数　52, 71, 103, 106, 127, 142, 152, 156
ソーシャル・ネットワーク　29, 38-40, 43-44
ソーシャルキャピタル　91

た行

大衆社会論　32
対人ネットワーク　20
態度変容　35, 163
多段階の流れ　35
多変量解析　62, 73-74, 78, 110, 114, 118, 143
知識格差　21-22, 45, 81, 138, 140
知識ギャップ　29, 64, 81
知事選　123

地方議会選挙／地方選　18, 44, 54, 80, 187, 190
中選挙区　43
直接キャンペーンルート　49, 52-54, 56-57, 59, 64, 69-72, 76-80, 189-191, 193
通常化仮説　89
手掛かり情報　76, 82, 98-99, 107, 116, 194
手掛かり情報説　98, 100, 108
デジタルデバイド　24, 94, 101, 104, 116, 194
テレビ　23-24, 34-35, 39, 41-42, 49, 57-60, 77, 79, 87, 90, 96-97, 107, 118-119, 134, 157
電子化　23, 87, 120
動員効果　90, 94, 115, 123, 143, 149, 159
動員情報　123
同時方程式モデル　141
党首討論会　59-60, 72
投票意図　30, 121, 123-124, 127, 139, 142, 148, 150-151, 153, 159-160, 195
投票義務感　165
投票行動研究　40, 80
投票行動論　20, 191
投票コスト　23, 122
投票参加　27, 30, 82, 121-123, 138-139, 142-143, 146-148, 156, 159-160, 195
投票率　148-149, 161, 195
トービットモデル　83

な行

二大政党化　109, 116, 182
2段階推定　141, 152-153
二段階の流れ　33-34, 37, 39, 53, 79
ニュース伝播研究　34
認知心理学　25, 27, 98, 138, 195
ネット広告　96-97, 100-102, 104, 106-107, 113-115, 119, 194

は行

パーソナル・インフルエンス　38-39
パーソナル・ネットワーク　20, 33, 38, 40, 48-49, 58, 76, 79
パーソナルルート　49, 52-54, 57-59, 62, 64-67, 69-72, 76-78, 83, 189, 193
ピープルズ・チョイス　33, 124
皮下注射針モデル　32, 39
ヒューリスティック　14, 196-197
平等化仮説　88
プライミング　27, 139
並立制　43, 182
ポータルサイト　90, 96-97, 100, 106-107, 115, 119, 194
ホームページ　18, 89, 92, 98-99, 101-103, 106-109, 113-114, 119
補強効果　123
ポリアーキー　13

ま行

マスメディア　17-18, 20, 23, 25, 29, 31-35, 37, 39, 40-44, 48-49, 53-54, 56-59, 62-65, 67, 69-72, 76-82, 90, 97-99, 107, 113, 117-119, 121, 189-190, 193, 196
マスメディアルート　49, 53-54, 56-59, 62-63, 65, 67, 69-72, 76-78, 81, 189, 193
民主党　18, 98, 101-103, 106-110, 113-114, 116, 119, 125, 163-168, 173-174, 176, 182, 184-185, 187
メディア依存の理論　39

ら行

ラジオ　23, 33, 57
連呼　42-44, 53, 55, 57, 59, 82, 123, 131, 141, 148-149, 193
労働組合　52, 141
炉辺談話　32

著者略歴

境家　史郎（さかいや　しろう）
　1978年　大阪府生まれ
　2002年　東京大学法学部卒
　2004年　東京大学大学院法学政治学研究科修士課程修了
　現　在　カリフォルニア大学バークレー校政治学部Ph.D.プログラム在籍

　主要業績
　『選挙ポスターの研究』（木鐸社，2002年）（共著）
　「政治的情報と有権者の選挙行動―日本の選挙におけるキャンペーンの効果」
　（『日本政治研究』2巻1号，2005年）
　「現代日本の選挙過程における情報フロー構造」
　（『レヴァイアサン』36号，2005年）

政治的情報と選挙過程
──────────────────────────────
2006年 6月15日第一版第1刷印刷発行 ©

著者との 了解により 検印省略	著　者　境家史郎 発行者　坂口節子 発行所　㈲木鐸社（ぼくたくしゃ）

　　　　　　　　　印刷　互恵印刷　製本　高地製本

　　　　〒112-0002　東京都文京区小石川5-11-15-302
　電話(03)3814-4195番　ファックス(03)3814-4196番　振替 00100-5-126746番
　　　　　　URL http://www.bokutakusha.com/

ISBN4-8332-2378-3　C3031
　　　　　　　　　　　　　　　　　乱丁・落丁本はお取替致します

東大法・蒲島郁夫第1期ゼミ編 「新党」全記録 (全3巻)

92年の日本新党の結成以来，多くの新党が生まれては消えていった。それら新党の結成の経緯や綱領，人事，組織等，活動の貴重な経過資料を網羅的に収録。混迷する政界再編の時代を記録。

第Ⅰ巻 政治状況と政党 A5判・488頁・8000円 (1998年) ISBN4-8332-2264-7
第Ⅱ巻 政党組織 A5判・440頁・8000円 (1998年) ISBN4-8332-2265-5
第Ⅲ巻 有権者の中の政党 A5判・420頁・8000円 (1998年) ISBN4-8332-2266-3

東大法・蒲島郁夫第2期ゼミ編 現代日本の政治家像 (全2巻)

これまで政治学では，政党を分析単位として扱ってきたが，その有効性が著しく弱まってきている。そこで現代日本政治を深く理解するために政治家個人の政治行動を掘り下げる。第1巻は国会議員の政治活動に関わるデータを基に数量分析を行う。第2巻は分析の根拠とした個人別に網羅的に集積したデータを整理し解題を付す。

第Ⅰ巻 分析篇・証言篇 A5判・516頁・8000円 (2000年) ISBN4-8332-7292-X
第Ⅱ巻 資料解題篇 A5判・500頁・8000円 (2000年) ISBN4-8332-7293-8

東大法・蒲島郁夫第3期ゼミ編 有権者の肖像 ■55年体制崩壊後の投票行動

変動する日本人の選挙行動調査（JESⅡ）の過去7回に亙るパネル調査に毎回回答してきた有権者に2000年総選挙に際して行った第八回目のパネル調査。その政治意識・投票行動の連続と変化を類型化して提示。

A5判・696頁・12000円 (2001年) ISBN4-8332-2308-2

東大法・蒲島郁夫第4期ゼミ編 選挙ポスターの研究

2000年総選挙に立候補した候補者1200人弱の作成したポスター685枚を収集・データベース化し，多様な変数を抽出して比較検討し興味深い命題をいくつか提示した本邦初の試み。候補者必見。

A5判・520頁・10000円 (2004年2刷) ISBN4-8332-2329-5 C3031

東大法・蒲島郁夫第5期ゼミ編 参議院の研究 (全2巻)

参議院をめぐる議論は，日本の国会制度とその政治過程についての理解の浅さに由来している。本研究は，参議院についての基礎的データを可能な限り多角的に，広範囲に，長期にわたって集めた。その上でこれを整理し，分析することで参議院政治の歴史と現状の理解に貢献。

第1巻 選挙篇 A5判・600頁・10000円 (2004年) ISBN4-8332-2354-6 C3031
第2巻 議員・国会篇 A5判・600頁・10000円 (2005年) ISBN4-8332-2355-4 C3031